AF415503

الشعر العربي وتحولات الرقمنة
في ضوء التسارع التكنولوجي

إيمان عصام خلف كامل

الشعر العربي وتحولات الرقمنة في ضوء التسارع التكنولوجي

التأطير النظري والأبعاد التطبيقية

إصدارات دائرة الثقافة، حكومة الشارقة 2023 م

الناشر: دائرة الثقافة ـ حكومة الشارقة ـ الإمارات العربية المتحدة

الهاتف: 5123333 6 971+

البرَّاق: 5123303 6 971+

الموقع الإليكتروني: www.sdc.gov.ae

البريد الإليكتروني: sdc@sdc.gov.ae

811.009356

ك إ .ش

كامل، ايمان عصام خلف

الشعر العربي وتحولات الرقمنة في ضوء التسارع التكنولوجي – التأطير النظري والأبعاد التطبيقية / ايمان عصام خلف كامل.ـ الشارقة، الإمارات العربية المتحدة : دائرة الثقافة، 2023.

228 ص؛ 21X14 سم.

البحث الفائز بالمركز الأول بجائزة الشارقة للإبداع العربي في مجال النقد ، الإصدار الأول، الدورة 26، 2022 – 2023.

1 – الشعر العربي – تاريخ ونقد

2 – التكنولوجيا في الشعر العربي

أ – العنوان

ب – جائزة الشارقة للإبداع العربي (26 : 2022 – 2023)

ISBN: 9789948799771

مقدمـــة

كان للتقدم التكنولوجي الأثر البيّن في شتى مجالات الحياة، في النصف الثاني من القرن العشرين، فقد أدى ذلك إلى تحقق أهداف الثورة الصناعية التي ظهرت في أوروبا مرتبطة بالتقدم التكنولوجي، والتحول على مستوى كافة العلوم، والمعارف، والأعمال، لا سيما وسائل الاتصال، والإعـلام، والتكنولوجيا الرقمية التي أصبحت عمادةً رئيسةً لا يمكن الاستغناء عنها، بل زادت أهميتها مع بدايات القرن الحادي والعشرين بعد ثورة الإنترنت وثورة وسائل الاتصال، وثورة الحواسيب، والآلات، وكذلك ثورة التكنولوجيا ثلاثيات الأبعاد، الأمر الذي جعلنا نستقبل – لأول مرة في تاريخ البشرية – طوفاناً رقمياً على حد تعبير هال أبلسون في كتابه «الطوفان الرقمي»، وهذا الطوفان غمر جميع مناحي حياتنا العلمية، والعملية، والاقتصادية، والاجتماعية... وغيرها، وظهرت عوامل أخرى موازية لعالمنا الحقيقي داخل الفضاءات الرقمية، متمثلة في الواقع الافتراضي الذي ظهر مع ظهور الإنترنت، فأصبحنا نسمع عن التجارة الإلكترونية، والتعليم الإلكتروني... والحياة الإلكترونية بشكل عام، وأصبح الناس

جميعاً يستطيعون – من خلال هذا الفضاء الرقمي – البيع، والشراء، والتعليم، والتعلم، والـزواج، والمغامرة، والسفر، وكل ما يتصل بالحياة الإنسانية داخل هذا الواقع الافتراضي الذي حققته التكنولوجيا، حتى إن سلوكياتنا أصبح من الممكن رصدها عبر التكنولوجيا على حسب رأي ستيفن بايكر في كتابه «الرقميون».

وقد استطاع الأدب بوصفه منتجاً إنسانياً يقبل التحول والتغير أن يفيد من ذلك التطور التكنولوجي، فلا يمكن إغفال قيمة التطور الحضاري، وما يستتبعه من تطور وتحول فكري ناتج عن المتغيرات الثقافية والمعطيات البيئية. وأدبنا العربي كأي أدب يرتبط بثقافة ونسق البيئة المنتجة له، مراعياً معطياتها وتحولاتها، وهو نسق لاحظناه عند كل تحول فكري أو غزو ثقافي، أو رؤية جديدة، إلا أن التحول الجديد الذي ربط بين التكنولوجيا والمنتج الأدبي والفكري، جعل من التكنولوجيا عاملاً أساسياً في قراءة النص وتحليله، والوقوف عند سياقاته المختلفة، إنه أعطى القارئ حرية أشمل، ومداخل أكبر، ومشاركة لم تكن مألوفة من قبل، وأصبح القارئ هو الركن الأهم من حيث المشاركة في إنتاج النص أو تعديله، أو تبديل بعض جوانبه كأن يبدأ بنهايته أو منتصفه كيفما يشاء، وأصبح التخيل البصري هو الجانب المهم، بل إنه أصبح بديلاً أساسياً للمتخيل السمعي الذي اعتمدت عليه المدارس الأدبية العربية والجمالية لفترات طويلة، إلا أننا لا يمكن أن نغفل بعض الجوانب التأثرية الناتجة من استخدام هذا التحول الأدبي.

وقد ضمن الشعر العربي لنفسه مكاناً بين أجناس الأدب الأخرى

التي لحقتها التكنولوجيا، فظهر ما يعرف بالشعر الرقمي، الذي تنوع حسب معطيات الوسيط الرقمي الحامل له، كما تنوعت نصوصه إلى: القصيدة الإلكترونية، والقصيدة الرقمية، والقصيدة التفاعلية، وكذلك إلى نصوص أخرى تتطور بتطور التقنية الرقمية، وهذا ما يجعلنا نستشرف مستقبل الشعر العربي في ظل التكنولوجيا عن طريق ما نشهده الآن من تسارع، وتحول رقمي يحدث كل يوم، بل قل إن صح التعبير: كل ساعة، فالقصيدة الرقمية أصبحت تحمل بين طياتها فنوناً وأشكالاً متنوعةً، وأصبحت تتشكل حسب التقدم والتطور الذي نعايشه باستمرار، وهذا يجعلنا لا نستطيع أن نقف على شكل ثابت من أشكال القصيدة الرقمية، كما أننا لا يمكننا التنبؤ بما سوف تنتجه تكنولوجيا المستقبل من أنواع هذه القصائد، فكما يقول ميتشو كاكو في كتابه «رؤى مستقبلية»، إن المستقبل التكنولوجي بما أنه عبارة عن معرفة متراكمة فلا يمكن التنبؤ به، ولكن هذه المعرفة إذا قامت على أسس علمية ووقائع معرفية، فيمكننا إذن أن نحظى بتصور مبدئي لما ستصل إليه في المستقبل.

ويمكننا استشراف ما سوف يصل إليه الشعر في ظل التكنولوجيا انطلاقاً مما هو متماثل بين أيدينا الآن من قصائد رقمية متنوعة، ولذلك جاءت هذه الدراسة تحت عنوان (الشعر العربي وتحولات الرقمنة في ضوء التسارع التكنولوجي.. التأطير النظري والأبعاد التطبيقية) للوقوف على ماهية هذا النوع الجديد من الشعر، ودراسة أبرز سماته وخصائصه التي ستعطينا رؤية مستقبلية لما سيصبح عليه الشعر في ظل الرقمنة، وقد استدعت طبيعة الدراسة الاعتماد

على منهجين من مناهج البحث الأدبي، الأول: المنهج التاريخي لتتبع تحولات النص الشعري عبر العصور المختلفة، وكذلك رصد تحولاته في ظل الرقمنة، وأيضاً المنهج الفني للوقوف على أبرز التشكلات الفنية للقصيدة الرقمية بكافة أنواعها التي وقفت عندها هذه الدراسة، ولذلك يمكننا تقسيم هذه الدراسة إلى جانبين وهما: جانب نظري، وآخر تطبيقي، حتى يتسنى لنا إدراك أثر الرقمنة في الشعر. ومن ثم تتأتى هذه الدراسة على النحو التالي: تمهيد: ويتناول الحديث عن الشعر والتكنولوجيا رؤية استشرافية، ويرصد تحولات النص الشعري من خلال رؤية استشرافية لمستقبل الشعر في ظل الطوفان الرقمي، كما يقف عند أبرز مظاهر تطور النص الشعري/ الرقمي.

أما الفصل الأول: (الإطار النظري) فينقسم إلى ثلاثة مباحث رئيسة، المبحث الأول الموسوم بـ(الشعر العربي من الشفاهية إلى الرقمية): ويأتي في عدة نقاط: أولاها: تحولات القصيدة العربية من التأثير الصوتي إلى التأثير البصري، وثانيتها: الوسيط الورقي ومرحلة الوعي الكتابي، وثالثتها: من الوسيط الورقي إلى الوسيط الرقمي، أما المبحث الثاني فيأتي بعنوان (الأدب الرقمي.. النشأة والمفاهيم) ويأتي في عدة نقاط، أولاها: ماهية الأدب الرقمي، وثانيتها: سمات النص المترابط، وثالثتها: إشكالية الأدب الرقمي، والمبحث الثالث من هذا الفصل يحمل عنوان: (الأدب الرقمي والقصيدة التفاعلية) ويأتي كذلك في عدة نقاط أولاها: الأدب التفاعلي، وثانيتها: أجناس القصيدة الرقمية/ التفاعلية، وثالثتها: وسائط القصيدة الرقمية.

ويأتي الفصل الثاني الإطار التطبيقي: وينقسم إلى ثلاثة مباحث

رئيسة، المبحث الأول بعنوان: القصيدة الرقمية التفاعلية (تباريح رقمية لسيرة بعضها أزرق) للشاعر العراقي مشتاق عباس معن، وجاء في عدة نقاط أولاها: الواجهة الشعرية وسلطة العلامة، وثانيتها: الروابط وأثر التشعب، وثالثتها: الوسائط المتعددة، كما جاء المبحث الثاني بعنوان «القصيدة الوسائطية» للشاعر رأفت السنوسي، وهذا المبحث جاء في عدة نقاط أولاها: واجهة القصيدة، وثانيتها: الروابط، وثالثتها: الوسائط المتعددة، وحمل المبحث الثالث من هذا الفصل عنوان: القصيدة الرقمية (مآثر غيمة لا تشبع منها العينان) لمنعم الأزرق، وجاء في نقطتين أولاهما: واجهة القصيدة، وآخرتهما: الوسائط المتعددة.

وقد ذيلت الدراسة بخاتمة تضم أبرز النتائج التي توصلت إليها، وكذلك قائمة بالمصادر والمراجع التي اعتمدت عليها الدراسة، وهي دراسة نأمل من خلالها أن نضيف معنى مكملاً لما سبقها من دراسات في هذا المجال، حتى يتمكن الباحثون من الوقوف على مثل هذه الدراسات، والاستفادة بها فيما هو قادم.

تمهيد:

الشعر والتكنولوجيا
رؤية استشرافية

ترجع أولى التجارب التي حاولت الربط بين الشعر والتكنولوجيا الرقمية إلى كل من الألمانيين ماكس بانس وباتيو لوتز؛ إذ تمكنا عام 1959م من إنتاج أول بيت شعري رقمي عن طريق جهاز الحاسوب، وتمَّ تأريخها باللغة الألمانية في مدينة شتوتغارت بألمانيا.

وقد ارتبطت تلك التجربة بما سبقها من تجارب تقنية حاولت الإفادة من الإمكانات التكنولوجية في إنتاج النصوص، لا سيما النص المترابط، إذ كانت التكنولوجيا في ذلك الوقت قد تداخلت مع جميع مناحي الحياة، وأصبح لها حضور في حقل الدراسات الإنسانية، لا سيما الأدب «إذ فرضت تأثيرها الواضح على الوجود البشري، وعلى حيوات ملايين من الناس، ووجودها يمكن الإحساس به في الأدب في أنحاء العالم»[1]، ففي العام 1945م قام العالم الأمريكي فانيفار بوش (Vannevar Bush) بتصميم جهاز يعرف بـ(الميمكس) عن طريق الميكروفيلم، وكتب عنه مقالاً شهيراً بعنوان (كما نحن قد نفكر)، والميمكس «هو جهاز مكتبي كهروميكانيكي مرتبط بأرشيف واسع من الميكروفيلم، وقادر على عرض الكتب أو الكتابات، أو أي وثيقة من مكتبه، والميمكس قادر على خلق مسارات مرتبطة ومتفرعة من مجموعة من الصفحات، والجمع بين صفحات مكتبة الميكروفيلم

المنشورة مع شروح الشخصية أو الإضافات التي تم التقاطها بواسطة جهاز تسجيل الميكروفيلم»[2]، ومن خلال هذا الجهاز تمكن من ربط معلومات الجنود داخل الجيش بطريقة تمكنه من استدعائها بسهولة حين الحاجة إليها، حيث استخدم هذا الجهاز بداية في الأغراض العسكرية في أثناء الحرب العالمية الثانية، وقد دعت هذه التجربة العلماء للتفكير في إنتاج نص مترابط يعتمد في بنيته على فكرة التشعب عن طريق جهاز الحاسوب وإمكاناته المتعددة، فقام الأمريكيان: تيد نيلسون (Ted Nelson) ودوجلاس إنجلبرت (Douglas Engelbart) عام 1965م باختراع النص الفائق أو النص التشعبي الذي يقوم على فكرة التشعب، وهو ما يمثل – بعد ذلك – العنصر الرئيس الذي قامت عليه فكرة الإنترنت.

وبداية من الميمكس قام العلماء بمحاولات عدة للربط بين الشعر والحاسوب، وقد تحدث فيليب بوطز في مقال له[3] عن تلك المحاولات الرائدة، والتي حددها في ثلاث مراحل متتابعة، تشير المرحلة الأولى منها إلى فكرة التوليف والتنويع بين النصوص، وإنتاج نص مطبوع من خلال الحاسوب، وقد امتدت تلك المرحة بين عامي 1950 – 1980م، وفي عام 1959م أنشأ ريمون كينو وفرانسوا لوليونيه في فرنسا حلقة دراسية قصيرة تحت عنوان «حلقة الأدب التجريبي» وتحولت في عام 1960م إلى «الأوليبو OULIPO». وفي سنة 1997م، أنتجت المجلة الفرنسية Doc(k)s بالاشتراك مع مجلة laire أوَّل قرص مُدمَج تحت عنوان «قصائد وبضع رسائل»، وصدر قرص آخر مُدمَج على يد مؤلف آخر اسمه باتريك – هنري بيرغود.

وتشير المرحلة الثانية إلى تجربة المولدات الأوتوماتيكية التي

قام بها جان بيير بالب في فرنسا عام 1980م، وقد طورتها جماعة L.A.I.R.E لإنتاج نصوص شعرية متحركة على جهاز الحاسوب، ومن بعدها ظهرت النصوص التشعبية التي اعتمدت في بنائها على تقنية النص الفائق، فقام الأمريكي مايكل جويس عام 1987م بتأليف قصته الرقمية (شمس الظهيرة) معتمداً فيها على تلك التقنية، وقد امتدت تلك المرحلة من بين عامي 1980 – 1988م، بينما تبدأ المرحلة الثالثة عام 1989م من خلال المجلات الإلكترونية التي اهتمت بإنتاج النصوص الرقمية كمجلة lire، ومجلة KAOSK، وبدأ كذلك عقد الندوات والجلسات التي تهتم بإنتاج وتأليف النصوص الرقمية.

وفي عام 1994م أطلقت دار النشر الإلكترونية إلياس Ilias سلسلة مولدات نصوص اسمها «توليد Génération»، ليظهر أخيراً أول تخييلات «النص التشعبي» (على أقراص مرنة أو مدمجة).

وقد تزامنت كل تلك الأفكار والتجارب مع الطفرة الهائلة التي حدثت في صناعة الحواسيب، وكذلك وسائل الاتصال والإعلام[4]، وأيضاً ظهور الوسائط المتعددة، وتكنولوجيا ثلاثيات الأبعاد، مما أدى لظهور الإنترنت التي يسرت طرق التواصل بين الأفراد في شتى أنحاء العالم، «ففي العام 1987م ارتبطت الوسائط المتعددة بفكرة النص المترابط من خلال برنامج Hyper Card الذي قدمته شركة apple، وتطورت هذه التقنية بعد ذلك على يد Casbiana في عام 1988م؛ حيث دمجت ما بين الحاسوب وشبكات الاتصال من خلال نظام ثلاثي الأبعاد، وظهرت بعد ذلك في عقد التسعينيات الأقراص المدمجة، وتطورت الوسائط المتعددة بشكل كبير حتى وصلنا إلى

أحدث تكنولوجيا تخص الوسائط المتعددة، ألا وهي الإنترنت»[5].
وقد عمل ظهورها وتطور إمكاناتها إلى ظهور ما يعرف بالواقع الافتراضي، ذلك الواقع الذي يوازي عالمنا الحقيقي، ويتشابه معه في كافة السمات والخصائص، لكنه في النهاية عالم مصطنع من فعل التكنولوجيا، وذلك الواقع جسد لنا حياة أخرى مماثلة لحياتنا، وعوالم أخرى مشابهة لعالمنا، حيث يستطيع الجميع من خلاله التواصل والبيع والشراء..... وكل ما يتصل بنا من قريب أو بعيد، ومن ثم كان على الأدب – بكافة أنواعه وأجناسه – أن يغزو ذلك الواقع الجديد، ويضمن لنفسه حضوراً ووجوداً بشكل يمكنه من التأكيد على سمات التحول والتجديد، فظهرت تلك النصوص الأدبية التي تتشكل داخل هذا الواقع، ولا يمكن التعامل معها أو ولوجها إلا من خلاله، فظهرت على سبيل المثال القصيدة الرقمية/ التفاعلية التي تسمح للمتلقي بالدخول إليها ومن ثم قراءتها والتعديل فيها، وكذلك الإضافة شريطة أن تشتغل هذه القصيدة بواسطة جهاز حاسوب متصل بشبكة الإنترنت، أو بالأحرى تلقي هذه القصيدة داخل الواقع الافتراضي.

ويستطيع المتلقي التعامل مع النص الأدبي/ الرقمي داخل هذا الواقع الافتراضي وكأنه نص يتجاوز التخييل إلى ما هو حقيقي واقعي، إذ ينقل له هذا الواقع أحداث ومشاهد – داخل النص الأدبي – تبدو حقيقية، وذلك عن طريق الوسائط المتعددة من صور ورسومات ومقاطع فيديو وأصوات، فيجد المتلقي نفسه بين واقعين، الأول: واقعه الحقيقي الذي يعيشه، والثاني: ذلك المتمثل داخل الحاسوب، وداخل النص وما يحمله من وسائط، وهذا الأخير يبدو له أيضاً حقيقياً

تماماً، إذ يتعايش معه بكل حواسه ومدركاته، ولذلك نجد فيليب ريجو يصف ذلك الواقع الافتراضي بالهيمنة، حيث يقول: «يتضمن الواقع الافتراضي بشكل أكثر دقة، فكرة واقع موجود تماماً، لكنه في نفس الوقت رخو إلى حد كبير، وبالنسبة لبول فيريليو وجون بودريلار فإن مواقف الأحداث التي لا يمكن لمسها تلك التي بدأت تقنيات الوسائط المتعددة تعودنا عليها تنبئ بالامتداد (الطيف)»[6]. ومن ثم أصبح الأدب في ظل تلك التكنولوجيا الرقمية يظهر بشكل جديد، وأجناس مغايرة عما كان عليه من قبل خلال الوسيط الورقي.

لقد شهد النص الأدبي في مرحلة ما بعد الحداثة ــ التي كانت التكنولوجيا من أهم ركائزها ــ انفتاحاً كبيراً، فجاءت فكرة التجديد وإلغاء الحدود النصية، والدعوة إلى الترابط والتشعب وفقاً لأفكار الرقمنة، مما دفع إلى خروج الأدب من ثُبَاته، وجعله متعدد الدلائل والوسائط، وتحول من «الانغلاق إلى الانفتاح، فلم يعد مفهوماً مغلقاً في حدوده ومفاهيمه كما كان الأمر في التصورات الكلاسيكية، بل أصبح ينظر إليه في تعالقه مع نصوص أخرى، لم يعد منتوجاً نهائياً، بل دليلاً منفتحاً متعدد الـدلالات»[7]. وبهذا أصبح النص الأدبي مع تيار ما بعد الحداثة نصاً متشعباً، ومتداخلاً مع نصوص وفنون أخرى، وأصبح احتواء النص على مضامين وأشكال متنوعة كالصور والأشكال، مع وجود الموسيقى والحركة التي أضافت بعداً جديداً في التصور النصي وثرائه، يعد أمراً ضرورياً.

وإذا كانت التكنولوجيا قد عملت على تحول النص الأدبي من الثبات إلى الدينامية، فإن ذلك قد تزامن مع ظهور بعض الحركات

17

الفنية/ الأدبية التي دعت إلى الحرية في الفن والأدب، والنظر إلى النص الأدبي على أنه منتوج نصوص أخرى، ومن ثم فهو متجدد، ومتحول، ولا يمكن النظر إليه من جانب واحد فقط، فالنص – والنص الأدبي تحديداً – عليه أن يعترف بالفنون الأخرى، ويحويها بداخله، فيظهر كأنه لوحة تضم كلمات وصوراً وأشكالاً متناغمة متناسقة، ومن ثم ظهرت أعمال كُتِبَتْ بطرق مختلفة، وظهر ذلك في أعمال الحركة الدادائية في أوروبا ومكانها سويسرا ما بين عامي (1916م، 1921م) ثم اتجهت إلى السريالية، وأيضاً الحركة المستقبلية التي ظهرت في إيطاليا على يد فيليبو توماسو مارينيتي 1909م، وكذلك الحركة التكعيبية التي ظهرت في فرنسا بين عامي (1907م، 1914م) على يد جورج براك، وبابلو بيكاسو، وخوان جريين، وكان اتجاه تلك الحركات هو الخروج عن المألوف والتقليدي في الفن والأدب، فتغير تغيراً شاملاً، وتضمنه دخول الصور والوسائط المتحركة، وكانت هذه الحركات سبباً في تَشَكُّل «النواة الأولية لفكرة التشعب والترابط في الأدب الرقمي في أوروبا، لأن الدادائيين حاولوا بعد ذلك في فترة الستينيات من القرن العشرين استخدام التكنولوجيا والوسائط الرقمية في الفن بشكل عام، والأدب بشكل خاص، حتى ظهر ما يعرف بالقصيدة الرقمية»[8]، التي أفادت كثيراً من الأفكار التي طرحتها تلك الاتجاهات.

إن كافة المتغيرات التي طرأت على الأدب إنما هي دعوة إلى مسايرة كل تجديد، وعدم الوقوف عند المعايير التقليدية، فهي دعوة لتجاوز كافة المعايير لكل الأنواع الأدبية الثابتة، وعليه فإن ثورة

التكنولوجيا في نهاية القرن العشرين فرضت نمطاً جديداً من الكتابة الرقمية التي تعتمد على الحاسوب، ولم يعد الأدب الورقي بكل أشكاله ومراحله عبر العصور الزمنية الطويلة قادراً على استيعاب الثورة الرقمية، بكل ما فيها من تطور وتغير، وقد أدى هذا إلى التخلي عن المفاهيم القديمة التي لم تعد تناسب العصر، ومحاولة محاكاة كل ما هو جديد من ألوان وأنماط وأشكال الكتابة الرقمية، ووسائلها المختلفة، ومن ثم أصبح النص الرقمي في عصرنا هذا أكثر قدرة على التعبير عن كافة قضايا العصر، متفوقاً في ذلك الأمر على نظيره الورقي. فالأدب دائماً في تغير وتَبَدُّل وذلك لتفاعله مع المؤثرات الخارجية الواقعة عليه، والتي أحدثت تغيرات في الشكل والمضمون وفقاً لمعيار التطور والحداثة، وظلت التكنولوجيا – في أيامنا الراهنة – هي جوهر التطوّر، فأخرجت لنا نتاجاً أدبياً محملاً بأشكال تصويرية وتعبيرية مواكبة لحالة الوعي الإنساني.

إن حياة المجتمعات الآن لا يمكن لها الابتعاد عن الحياة الرقمية، فنحن أمام ثورة تكنولوجية لا بد من فهمها والوقوف على نشأتها، ومدى أثرها على حياة البشرية منذ التلغراف حتى يومنا هذا. «فالتطور التكنولوجي حقل من حقول العلوم الإنسانية في الأساس، وليس هذا من قبيل المفارقة، فقصص تطور التلغراف، والمهاتفة والتلفزيون والإنترنت تدور في جوهرها في فلك الإبداع والإيثار والجشع والطموح البشري.. إلخ» [9]، ولم يعد الأمر قاصراً على الأدب وفنونه، أو النقد وعلومه، فيما يختص باستخدام الحاسوب في بناء النصوص وقراءتها وتفسيرها، وفهم معطياتها وإعادة بناء تشكيلها،

فالأمر أكبر من ذلك بكثير، لقد أصبحت مراكز الاتصالات المنتشرة حول العالم وفي كل بقاع الأرض، دليلاً على قدرة التكنولوجيا في السيطرة على شتى مناحي الحياة، وأكثر تعبيراً عن تطورات العصر، حيث أصبحت التكنولوجيا توفر المعلومات الأساسية الكافية لنا جميعاً، وأصبح الرقميون «يتمكنون من فهم سلوكياتنا، وتوقع هذه السلوكيات بشكل أفضل مما فعلوه في الأسبوع المنصرم، إنهم يتعلمون من أخطائهم، ويستقدمون معطيات أكثر، ويتابعون تجاربهم، هذه عملية علمية»[10]، بفضل ذلك تحولت الحكومات والشعوب في ظل هذا التطور السريع والمتنامي من حكومات ورقية إلى حكومات إلكترونية نتيجة انتشار تكنولوجيا المعلومات والاتصالات، ولعبت تلك التكنولوجيا دوراً مهماً ومركزياً في تواصلنا مع بعضنا بعضاً، كما أنها تغلغلت في كافة أمورنا الحياتية، وبدأنا نسمع عن مفهوم المواطن الرقمي، والمجتمع الرقمي، والحكومات الإلكترونية، والتعليم الإلكتروني، وهو ما جعل استخدام التكنولوجيا يتخطى كل الحدود، وبدأنا نربط بها كل أمور حياتنا، يكفي أنك عبر حجرة ضيقة داخل منزلك وباستخدام شاشة الحاسوب تستطيع إنجاز كل معاملاتك من سفر وحجز طيران وفنادق، وجلب تأشيرات متعددة، وكل ذلك في وقت يسير، والمدهش أنك الآن في ظل التسارع التكنولوجي تستطيع فعل كل ذلك من خلال آلة أصغر تحمل في الجيب، وهي جهازك النقَّال، حيث إن هاتفك المحمول أصبح مرتبطاً ببرامج عبر الستالايت بكل أماكن العالم.

وعليه تحولت المعرفة التكنولوجية إلى وسيلة مهمة، «تلقي

الضوء على المضامين الثقافية والاقتصادية والسياسية لاستخدامها،.. وأضْحَت البراهين الإيجابية على تكنولوجيا المعلومات والاتصالات حاضرة في كل مكان»[11]، وخرجت علينا بعض الهيمنات التي تمجد من قيمة التقدم التكنولوجي وأهمية استخدامه، بل إن بعض الشركات حاولت الهيمنة على سوق التقدم التكنولوجي حول العالم محاولة احتكاره، ومن أشهر الكتب في ذلك كتاب «الاحتكار التكنولوجي» للناقد الأمريكي وأستاذ مجال الاستخدام الاجتماعي للتكنولوجيا وهو الدكتور نيل بوستمان والذي نبه من خلال كتابه إلى الدور الذي تلعبه التكنولوجيا في مجتمعات المعلومات المتقدمة، وكذلك تحدّث ميتشو كاكو عن أهمية التقدم التكنولوجي في حياة الأمم فنراه يقول «لقد وضعت بعض الأمم لوائح بالتكنولوجيات الرئيسة التي تستخدم كمحركات للثورة والازدهار.... وتحتوي هذه القائمة على: الإلكترونيات الدقيقة، والتكنولوجيا الحيوية، وصناعات علم المواد الحديثة، والاتصالات، وصناعات الطائرات المدنية، والإنسان الآلي والماكينات التي تدار ذاتياً، والكمبيوتر، ومن دون أي استثناء فإن لكل واحدة من التكنولوجيات المذكورة ستقود القرن الحادي والعشرين»[12]، وسوف يكون لها تأثير كبير في شتى جوانب الحياة.

وعليه فإن المهتمين بالكتابة الرقمية بكل أنواعها، ومن تعمقوا في شتى مجالاتها، عليهم الوعي بتطور كل هذه الوسائل التكنولوجية، والوقوف على معالمها وأوجه تغيراتها التي تتبدل ما بين فينة وأخرى، فالنظام السيبراني أصبح متمكناً في كل شيء من حولنا، بل أصبح عِلماً خاصاً متفرداً، حقيقته التحكم والسيطرة، فمصطلح السيبرانية

Cybernetic «مشتق من المصطلح الإغريقي Kybernetes، ويعني الطيار أو قائد الدفة أو الحاكم ويفيد الاشتقاق الحديث بأن كلمة سيبرانية تتضمن آليات تعقيب تتيح وظائف القيادة والتحكم في الأنظمة المغلقة..»[13]، والنظام السيبراني هو من الأنظمة المهمة التي تنظم أداء النظام لوظائفه، وترتبط السيبرانية بكثير من التخصصات المتنوعة، إننا أمام الحوسبة واسعة الانتشار، والتي جعلت من الحتمية الإلكترونية أمراً لا مناص منه، وهذه الحتمية الالكترونية أصبحت تشمل كل أنواع التكنولوجيا التي تتصل بأمور حياتنا.

لقد أصبحت التكنولوجيا ـ لا سيما الرقمية ـ ذات أبعاد تأثيرية في الواقع الثقافي، والواقع الاقتصادي، والواقع الاجتماعي، بل إنها علامة من علامات تَمَدُّن وتحضر الشعوب في زماننا المعاصر. فالكتابة الرقمية وخاصة الشعرية كما ذكرت فاطمة البريكي «هي النمط الذي لا يتجلى إلا في الوسيط الإلكتروني، معتمداً على التقنيات التي تتيحها التكنولوجيا الحديثة، ومستفيداً من الوسائط الإلكترونية المتعددة في ابتكار أنواع مختلفة من النصوص العربية، تتنوع في أسلوب عرضها، وطريقة تقديمها للمتلقي المستخدم الذي لا يستطيع أن يجدها إلا من خلال الشاشة الزرقاء، وأن يتعامل ويضيف إليها ويكون عنصراً مشاركاً فيها»[14]، وبهذا يتحقق عنصر التفاعل بشكل مادي تجاه النص.

وفي مطلع القرن العشرين، وحتى ربعه الأول، سيطرت نظريات التعلم على الفكر الإنساني، ومن أهم النظريات ـ في اعتقادنا ـ نظرية الجشطلت، والتي وضعتها مدرسة برلين، وهي نظرية تدور

حول العقل والدماغ، وتفترض أن المبدأ العملي للدماغ كُلَّاني، متوازٍ ومتماثل مع ميل للتنظيم الذاتي، أو أن مجموع كل الأجزاء أقل من أداء الكل[15]، وقد وضع أساس هذه النظرية ماكس فريتمر، كورت كوفكا، وبافولف جالح كوهلر. إنها نظرية ترفض المدرسة السلوكية التي كانت قبلها، وتضع مبدأً للتعلم يعتمد على التحول من الجزئي إلى الكلي، فالكل هو الأساس، ومنه يبدأ التعلم، فعلى سبيل المثال ـ لا الحصر ـ إننا عندما نرى منزلاً ما نراه على كُلِّيَته الكائنة أمامنا، من منزل مبني ومتكامل، وإذا ما أردنا التفاصيل فإننا سننتقل من الكل إلى الجزء، كأن نسأل عن عدد الأدوار وعدد الغرف ومخارج ومداخل المنزل، وهذه المدرسة قد جعلت الرؤية البصرية هي العنصر الأساس في التعلم، فلم تهتم بما هو مكتوب على قدر اهتمامها بالمشاهدة البصرية.

وقد تطور الأمر في عصر التقدم التكنولوجي باستخدام وسائل تعليمية ونقدية جديدة لم تكن مألوفة أو مسبوقة من قبل، ومن ثم بدأ الاهتمام بالتحولات الرقمية في التعليم والتعلم، والفنون، والآداب، مما أنتج لنا أنواعاً رقمية متعددة، وأجناساً مختلفة.

وظهر أثر ذلك بشكل كبير في الشعر، حيث انتقلت القصيدة «من المراهنة على قراءة المكتوب من الكلمات والجمل بمختلف أساليبها البلاغية وإيقاعاتها، إلى المراهنة على المشاهدة التأملية والقراءة المتفاعلة مع كيان بصري تتداخل فيه الكلمات مع عناصر أخرى فنية بانية لشعرية الخطاب الشعري: ألوان الخط وحركيته وأشكاله، وصور أيقونية دالة، متحركة وثابتة، تتفاعل مع الصور الشعرية

لبناء متخيل لهذا الكيان المتعدد الأضلاع»[16]، وهي من مظاهر الرقمنة في الأدب، فهي خطوط استهوت المغرمين بالأدب الرقمي من الكتابة عبر وسائل التواصل الاجتماعي في ظل انتشار الإنترنت، فقد أدى التطور الحضاري وما واكبه من ثورة تكنولوجية إلى تحول في أشكال الإبداع الأدبي، وفرضت الكتابة الرقمية نفسها على النقاد والأدباء، وأصبحت بديلاً للكتابة الورقية، وأصبح المنتوج الأدبي أكثر انتشاراً من غيره في ظل احتضان التكنولوجيا له.

يمكننا إذن – بعد توضيح العلاقة بين الأدب والتكنولوجيا – أن نستشرف مستقبل الشعر في ظل هذا التحول الرقمي، وأن نتوقع للقصيدة تغيراً غير محدود، ولا يمكن وضع تصور مطلق ونهائي له مع وجود تطورات ومستجدات رقمية تحدث كل يوم، فالقصيدة الشعرية بعد تخليها عن الوسيط الرقمي، وتزاوجها مع الوسيط الرقمي اتخذت الصيغة الإلكترونية، ثم الرقمية، ثم التفاعلية، وكذلك الافتراضية، وجميعها أنواع رقمية تخضع لما يمكن أن يستجد من تطورات رقمية، فتتبدل وتتغير تبعاً لذلك، ويمكننا كذلك توقع ظهور أشكال جديدة من القصيدة لا يمكن التنبؤ بملامحها أو خصائصها، لكنها حتماً ستظهر في ظل تسارع تكنولوجي غير متوقف. وفي ظل اتجاهاته المتعددة التي يمكن الحديث عن بعض أشكالها كما يلي:

أ – نشر الأشعار والروايات آلياً:

اعتمدت الكتابة الورقية على الناشر بوصفه الأداة التي تكتب ما تم إنتاجه في قالب ورقي، ومن ثم تحول الناشر إلى وسيط بين المبدع

والمتلقي، وبدون ذلك الوسيط (الناشر) لا يظهر المنتوج الأدبي مباشرة، وهذا أدى إلى وجود مساحة زمنية طويلة من أجل إنتاج ذلك العمل الأدبي.

أما الآن فمع تطور التكنولوجيا اعتمد المبدع عليها في نشر كل أعماله آلياً بواسطته هو، وذلك في زمن قياسي، وأصبح على علم بكل ما ينشر من تعليقات نقدية حول عمله، وبإمكانه الرد عليها في التوّ واللحظة، وهو ما سهل التواصل بين المبدع والمتلقي، وأدى إلى سرعة قراءة المنتج الأدبي، وسرعة رد الفعل على كل ما يدوّن عبر شبكات التواصل الاجتماعي. ويمكن وضع العديد من النماذج العربية للنصوص الرقمية تحت هذا النوع من مظاهر الرقمنة، كالقصائد الإلكترونية (قصائد عبر الماسح الضوئي)، والقصائد الرقمية (قصيدة شجرة البوغاز، لمنعم الأزرق)، والقصائد التفاعلية (تباريح رقمية لسيرة بعضها أزرق) لمشتاق عباس معن، وغيرها من القصائد التفاعلية.

ب – شبكات التواصل:

لشبكات التواصل الدور الفعال في انتشار الفنون الأدبية فانتشرت القصة القصيرة جداً، وزاد الإقبال على قراءة كل ما هو أدبي ونقدي من خلال البرامج المتميزة عبر شبكة «جوجل» التي أخذت بزمام الأمور الآن في شتى المجالات، وتحول الكمبيوتر إلى رمز حديث ومثالي، معبراً عن التكنولوجيا وعلاقتها بالفنون والآداب[17]، ومن النماذج المعروفة في أدبنا العربي التي اعتمدت على شبكات التواصل

الاجتماعي تجربة الكاتب المغربي عبد الواحد استيتو، حيث نشر روايته (على بعد مليمتر واحد فقط) أو (زهراليزا) على صفحات الفيسبوك، وعدّت هذه الرواية أول رواية فيسبوكية عربية.

جـ - البريد الإلكتروني:

أصبح استخدام البريد الإلكتروني من أهم وسائل التواصل بين الأفراد، وحظي البريد الإلكتروني باهتمام شديد؛ لذيوع انتشاره في المجتمعات المعلوماتية، وما ترتب على استخدامه من وجود الرسائل النصية والتغريدات المختلفة، وقد ساعدت الأجهزة المحمولة للاتصال على الاهتمام بذلك البريد، حيث مكنت تلك الأجهزة من يستخدمها من فتحها ومتابعة كل شيء عن طريقها.

إضافة إلى استخدام كافة المؤسسات العلمية ومنها الجامعات للبريد الإلكتروني بوصفه أداة من أدوات التواصل مع الطلاب والباحثين والأساتذة، والمجلات العلمية والبحثية. ومن هنا فإن كتابة رسالة ما عبر البريد الإلكتروني تجسد مدى اهتمام الأدب بكل هذه الوسائل التي تعينه على الذيوع والانتشار، حيث يمكن تبادل النصوص الأدبية والقصائد من خلاله، وهناك بعض التجارب العربية الرائدة في الاعتماد على البريد الإلكتروني من أجل نشر بعض القصائد والروايات.

د - قصائد الفيديو:

تعددت الوسائط الرقمية التي تعين على فهم النص، فلم تعد هناك

حاجة ملحة إلى توضيح الغامض من القول، حيث إن تلك الوسائط تعمل على إزالة كافة الحواجز، وفهم عثرات النص. ومن ثم كان الاعتماد على هذه الوسائط في تأليف وكتابة بعض القصائد التي يتم عرضها بواسطة مقاطع الفيديو على بعض المواقع الرقمية، ومن ثم تطلبت الحاجة الآن إلى استخدام تقنية الفيديو في إنجاز كل ما هو مطلوب في إنتاج وتصميم نص أدبي/ رقمي.

كما أن هناك أنواعاً متعددة ظهرت بظهور وسائل التكنولوجيا الرقمية، والتي سوف نشير إليها بالتفصيل في متن المباحث القادمة من هذه الدراسة.

وعلى هذا استطاع الشعر أن يستغل إمكانات التكنولوجيا المتعددة حتى يأخذ حقه من التحول والتطور الذي يشهده العصر، وهذا التحول غيّر من طبيعة النص الشعري على مستوى الشكل والمضمون معاً، فعلى مستوى الشكل أصبحت القصيدة تضم وسائط متعددة، عبر الروابط، وتعتمد على البعد البصري، أما على مستوى المضمون فأصبحت موضوعاتها تتلاءم مع قضايا هذا العصر وتعكس قضاياه.

هوامش التمهيد:

1 – فالنتينـا إيفاشـيفا: الثـورة التكنولوجيــة والأدب، علــى أبـوب القـرن الحـادى والعشــرين، ترجمة: عبد الحميد ســليم، الهيئة العامة المصريــة للكتاب، القاهرة، 1985م، ص7.

2 – للمزيـد مـن التفصيل انظر إلــى: معلومات عن ميمكس علــى موقع، بتاريخ 2022/6/22م.

https://www.wikiwand.com/ar/%D9%85%D9%8A%D9%85%D9%8 3%D8%B3

3 – انظــر: فيليـب بوطـز: الأدب الرقمي تحول لــلأدب، على الرابــط، بتاريخ 2022/7/12م.

https://www.aslim.org/?p=1838

4 – انظر: ميتشـو كاكو: رؤى مسـتقبلية، كيف يغير العلم حياتنا في القرن الواحد والعشــرين، ترجمة: ســعد الدين خرفان، مراجعة: محمد يونــس، عالم المعرفة، الكويت، 2001م، ص40 – 43.

5 – انظر: عمـاد الدين خلف الحسـن: عالم الاتصالات بيـن الماضي والحاضر والمستقبل، مركز الأهرام للترجمة، القاهرة، 2000م، ص10 – 11.

6 – فيليـب ريجو: ما بعد الافتراضي، استكثشـاف اجتماعـي للثقافة المعلوماتية، ترجمة: عزت عامر، المركز القومي للترجمة، القاهرة، ط1، 2009م، ص134.

7 – د. محمد مريني: النص الرقمي وإبدالات النقل المعرفي، دائرة الثقافة، حكومة الشارقة، دولة الإمارات، 2015م، ص21.

8 – د. منتصـر نبيـه محمـد صديق: أدب الأطفـال التفاعلي/ الرقمي بين سـلطة

الرابط وتأثير الوسيط، إصدارات دائرة الثقافة، حكومة الشارقة، الإمارات، ط1، 2020م، ص47.

9 – بيتر بي سيل: الكون الرقمي، الثورة العالمية في الاتصالات، ترجمة: ضياء ورَّاد، مراجعة: نيفين عبد الرؤوف، مؤسسة هنداوي سي آي سي للنشر، المملكة المتحدة، 2017م، ص19.

10 – ستيفن بايكر: الرقميون، أنت مراقب 24/24، شركة المطبوعات للنشر والتوزيع، بيروت، لبنان، ط1، 2011م، ص238.

11 – بيتر بي سيل: الكون الرقمي، الثورة العالمية في الاتصالات، ص18.

12 – ميتشو كاكو: رؤى مستقبلية، كيف سيغير العلم حياتنا في القرن الواحد والعشرين، ترجمة: د. سعد الدين خرفان، مراجعة: محمد يونس، عالم المعرفة، المجلس الوطني للثقافة والفنون والآداب، الكويت، يونيو، 2001م، ص14.

13 – بيتر بي سيل: الكون الرقمي، الثورة العالمية في الاتصالات، ص21، 22.

14 – د. فاطمة البريكي: مدخل إلى الأدب التفاعلي، المركز الثقافي العربي، الدار البيضاء، المغرب، ط1، 2006م، ص 10.

15 – انظر: نظرية الجشطلت على الرابط ويكيبيديا:

https://ar.wikipedia.org/wiki/%D8%B9%D984%%D985%_%D8%A7
%D984%%D986%%D981%%D8%B3_%D8%A7%D984%%D8%
BA%D8%B4%D8%AA%D8%A7%D984%%D8%AA%D98%A

16 – د. أحمد نظيف: اشتغال الفضاء من القصيدة الورقية إلى القصيدة التفاعلية، مجلة مقاربات للنشر والصناعات الثقافية، واستراتيجيات التواصل، الدار البيضاء، المغرب، العدد 27، 2017م، ص91.

17 – انظر: بيتر بي سيل: الكون الرقمي، الثورة العالمية في الاتصالات، ص53.

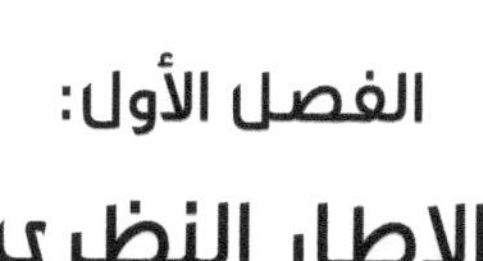

الفصل الأول:
الإطار النظري

- المبحث الأول: الشعر العربي من الشفاهية إلى الرقمية

- المبحث الثاني: الأدب الرقمي.. النشأة والمفاهيم

- المبحث الثالث: الأدب التفاعلي والقصيدة التفاعلية

المبحث الأول:

الشعر العربي
من الشفاهية إلى الرقمية

أولاً: تحولات القصيدة العربية من التأثير الصوتي
إلى التأثير البصري

ثانياً: الوسيط الورقي ومرحلة الوعي الكتابي

ثالثاً: من الوسيط الورقي إلى الوسيط الرقمي

أولاً: تحولات القصيدة العربية من التأثير الصوتي إلى التأثير البصري:

لقد كان للأفكار والأطروحات النقدية التي دارت حول القصيدة العربية القديمة في قابليتها للانفتاح والتضمين والاقتباس، وتحقق فكرة السرقات الشعرية.... وغيرها من هذه الأفكار، أثرٌ ملحوظ في بناء الركائز والاتجاهات التي قام عليها الأدب الرقمي في العصر الحديث في أوروبا، ولا يبدو الأمر مستغرباً أو بعيداً إذا ما نظرنا إلى تحولات القصيدة العربية ــ متأثرةً بما لحقها من تجديد، وما أحاطها من أفكار ــ التي أنتجت ما يعرف بالشعر الهندسي أو التشكيلي في العصرين المملوكي والعثماني، وهذا الشعر ظهرت فيه سمات التشعب، والترابط، وتعدد القراءات، واللامركزية، والقراءة غير الخطية، وجميعها سمات كونت بعد ذلك ــ في العصر الحديث ــ الأسس التي قام عليها الأدب الرقمي، لا سيما الرقمي/ التفاعلي.

كما أن البعد البصري داخل القصيدة العربية حظي باهتمامٍ كبيرٍ من قِبَل النقاد العرب منذ القدم، «في الدراسات الأدبية المختلفة تؤكد على أن التعبير البصري قد ظهر عند العرب قبل الغرب بكثير، إذ عرف العرب الشعر البصري منذ العصر المملوكي، وقد أطلقوا

عليه في ذلك الوقت تسميات كثيرة، منها: الشعر المشجر، والشعر المرسوم، والشعر الهندسي، وغيرها، ولعل فن الخط العربي الذي ازدهر في العصر العباسي وتأثر به عدد كبير من الفنانين الغربيين دليل آخر على اهتمام العرب بالبعد البصري وإدراك أثره في التلقي»[1]، وقد تناول الدكتور محمد نجيب التلاوي في كتابه: القصيدة التشكيلية في الشعر العربي[2] ذلك الأمر، حيث تحدث عن أشكالها وأنواعها المختلفة، من مربعات ومخلعات وأشكال دائرية، ومن أمثلة هذا النوع من القصائد:

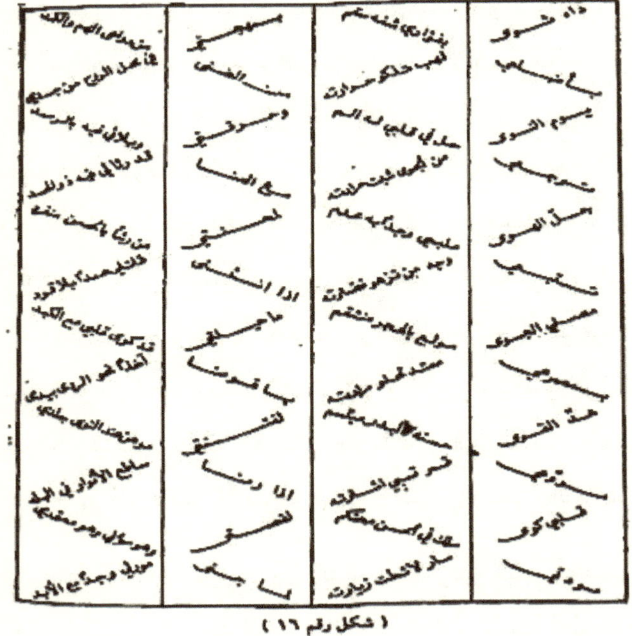

(شكل رقم ١٦)

(نـــــوذج المخلعـــــة ..)

36

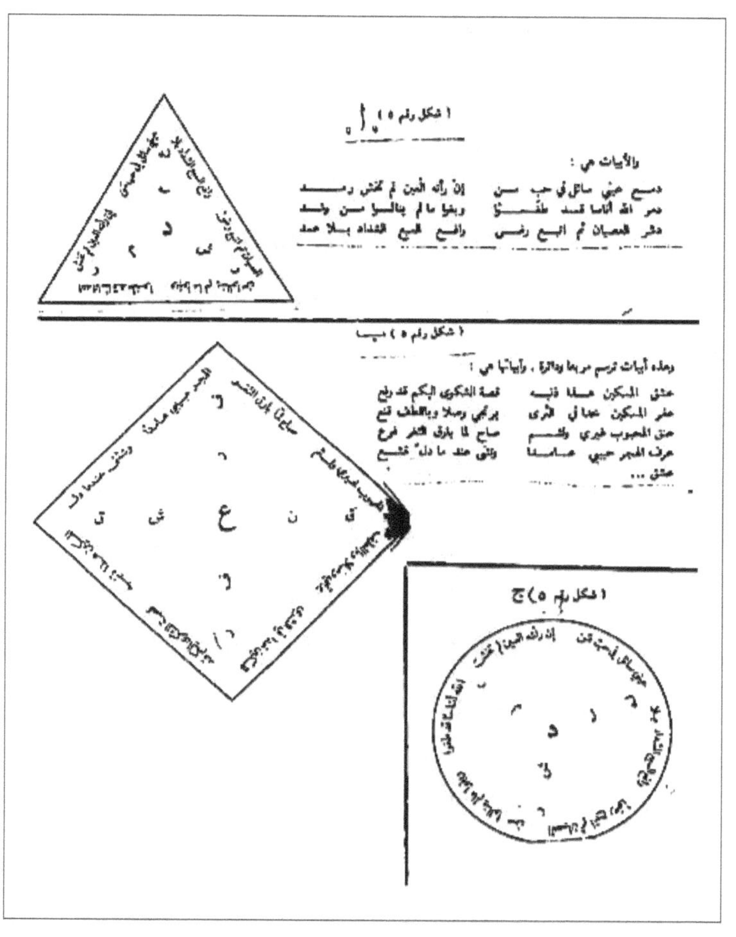

وبهذا يمكننا تتبع تحولات القصيدة العربية منذ بداياتها الأولى حتى العصر الحديث، للبحث عن أبرز التأثيرات السمعية التي ارتبطت بمرحلة المشافهة، وصولاً إلى البحث عن التأثير البصري الذي ارتبط بمرحلة الكتابة والتدوين، وجميعها – كما ذكرنا – من السمات التي ارتبطت بالنص الرقمي التفاعلي في العصر الحديث.

لقد ظل الشعر العربي منذ بداياته محافظاً على تقاليده وأعرافه التي تتمثل فيما اتفقت عليه الذائقة العربية قديماً، وقام قدامة ابن جعفر بصياغته في كتابه نقد الشعر بأن: الشعر كلام موزون مقفى يدل على معنى، وقد كان ذلك «منطلقاً لتصوير الشعرية بوصفها تحدد أركاناً للشعر تتمثل باللفظ والمعنى والوزن والقافية، وكان عمود الشعر ممثلاً للأسس الشعرية العربية»[3]، ومن ثم تمسكت القصيدة العربية في ذلك الوقت بشكلها العمودي الذي يتكون من أبيات متتالية ينقسم كل بيت منها إلى شطرين متساويين، فهي نص يحمل ثوابت بنائية لا يمكن الحيد عنها أو تجاهلها، أو الخروج على نسقها.

والناظر في أدبنا سوف يتوقف طويلاً عند ذلك النسق البنائي للقصيدة العربية، ومدى اهتمام العرب بالشعر، واعتمادهم على عنصر المشافهة، وتناقلهم للشعر عن طريق الرواة، ولذا فقد أصاب هذا الشعر ما أصابه من نحل وانتحال، وظل السماع هو الإيقاع الأساسي لبيان نسبة الشعر لقائله، وقد أدت قساوة الحياة وصعوبتها إلى عدم الخروج عن هذا النسق الشائع، إنها ثقافة لا تقبل التغيير، بقدر قبولها لحالة واحدة وهي التنقل، حيث منابت العشب والكلأ التي تمثل حياة جديدة لكل عربي، وتستدعي الوقوف على ما مضى، ومن ثم فإن حاسة السمع هي الحاسة التي ظلت مهيمنة لفترة طويلة على شعرنا العربي، وخاصة في مرحلة يمكن أن نطلق عليها بالحتمية الشفاهية، وهي مرحلة ما قبل التدوين التي ازدهرت في ظل الحاضرة العباسية وما بعدها.

لقد مثّلت المشافهة الدور الرئيس في إنتاج وتلقي الشعر في بداياته

الأولى، وقد تطلب ذلك ذاكرة قوية لدى كل من الراوي والمتلقي، فالراوي هو حجر الأساس في تثبيت دعائم ما يروي من إبداعات إنسانية، وهنا تمثل الذاكرة وسيطاً بين الراوي والمتلقي... حيث إنها الأساس الذي يخرج منه العمل الأدبي للمجتمع، والمتلقي عليه أن يميز بين كافة الأشكال والأنماط التي يستمع إليها، والتوقف عند القواعد التي تحكم القصيدة بما لديه من مخزون شعري داخل ذاكرته.

ففي البداية كان إنشاء مقطوعات قصيرة تعبر عن خاطرة بداخل الشاعر بدون مقدمات أو تحضير، ثم تطورت إلى قصيدة، وهو ما نستلهمه من قول الجاحظ «وكل شيء للعرب فإنما هو بديهة وارتجال، وكأنه إلهام، وليست هناك معاناةً ولا مكابدةً، ولا إجالةُ فكْرٍ ولا استعانة، وإنَّمَا هو أن يصرفَ وَهْمهُ إلى الكلام... فتأتيه المعاني إرسالاً، وتنثال عليه الألفاظ انثيالاً... كانوا أُمِّيين لا يكْتُبُونَ، وَمَطبُوعِينَ لا يَتكلَّفونَ وكان الكلام الجَّيد عندهم أظهر وأكثر... وهو عليهم أيسر من أن يفتقروا إلى تحفّظ، أو يحتاجوا إلى تدارُس»[4]، وهو ما يعني أن الحياة الجاهلية كانت قائمة على المشافهة بالنظر إلى جملة (كانوا أُمِّيين لا يكتبون) فهذا إثبات ودليل أن العرب قد عاشوا على الشفهية، وتناقلوا الشعر وروايته بالمشافهة، تلك المشافهة المرويَّة يجب أن تتخللها نغمة وإيقاع، وألفاظ سهلة وعذبة حتى يستطيع أن تروى في مختلف القبائل، وبذلك يُمَكّنُ لكل الأمم الشفوية «من نقل مأثوراتهم، في شكل ملائم للتناقل الشفاهيّ باستخدام الإيقاع... لربط المادة بعضها ببعض»[5]؛ ولذلك نجد أن الموسيقى قد لعبت دوراً مهماً في نفس المتلقي فتأثر بها، ومكنته من الوقوف على جماليات

النص، بل إنها مكنته من استدعائها، حيث الاحتياج لها.

والمنطوق الشعري هنا هو مجرد خيال يريد الشاعر أن يجسده عبر كلماته فيترجم بصورة تأثيرية، وهذا ما أطلق عليه الشاعر الفرنسي بودلير في حديثه عن «حساسية الخيال»، إذ يستطيع الشاعر التأثير في المتلقي وجعله ينجذب إلى ما يقول عبر خصائص المشافهة في حد ذاتها وما تحمله من سمات، عبر نغمة الصوت ودرجته، وحركات الوجه والأيدي، وغيرها من المؤثرات المرتبطة بسياق الإلقاء، وهذا يبرهن على أن الشعر الشفوي تجربة فريدة من نوعها بالنسبة للمتلقي، فهي تجعله في حالة من الهيام النفسي أو «التمييز النفسي يتم من خلال إيقاف الحركة a putting out of gear الذي يفكك التجربة عن ردود الأفعال الخاصة للجهاز البشري التي ترتبط فيما بينهما بالاستجابة للحاجات الحيوية»[6]، فيكون المتلقي هنا متأثراً بالشعر في أثناء الإلقاء، مراقباً الشاعر ومستنداً إلى صوته وإحساسه وتمثيله مع حركات اليدين، وتعابير وجهه وجسده، مزامناً للإيقاع الصوتي، فكل ذلك يولد المفهوم التأثري الذي بدوره يؤثر في المتلقي، فَتَتَجَسّد كل المشاعر، وتتبلور في إثارتِه وتفاعله مع منطوق النص، فيكون المعنى التأثري المرسل إلى المتلقي مثيراً للعواطف، وهو ما استخدمه أوسجود بقوله «المعنى التأثري (affective meaning) هو بالإشارة إلى المعنى التصوري أو الإشاري في مقابل تأثري أو مثير للعواطف (Sens patheTique) فالشعر يستخدم مصطلحات هي في ذاتها تأثرية»[7].

وهو ما يمكن ملاحظته عبر هذا الرسم التالي:

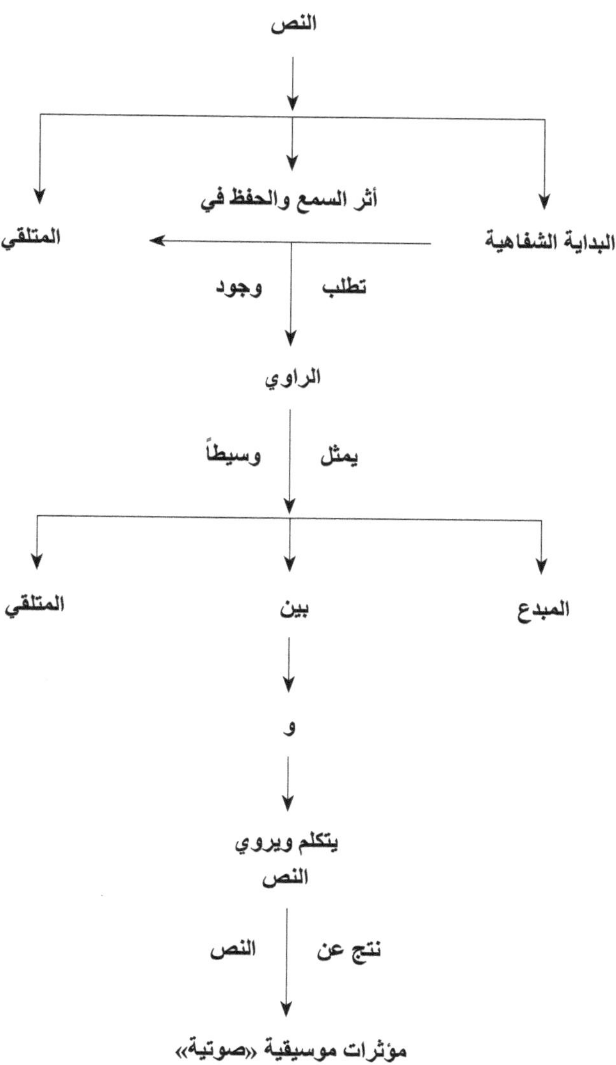

النص
أثر السمع والحفظ في
المتلقي
البداية الشفاهية
تطلب وجود
الراوي
يمثل وسيطاً
المتلقي
بين
المبدع
و
يتكلم ويروي
النص
نتج عن النص
مؤثرات موسيقية «صوتية»

وعند مجيء الإسلام استمرت فكرة الحفظ والشفاهية، فاستمر الأمر على نفس المنوال، حيث كان الشعر هو السارد الناطق لحياة العرب، وما يحدث بها من أخبار، والشعر هو المرجعية لمناخ العرب وأحداثهم وبطولاتهم، وما جاء في تلك الفترة من أحداث.

واستمرت مرحلة الشفاهية في النص الأدبي حاملةً معها كافة الأعراف المتفق عليها من قبل الأدباء – لسهولة حفظها وروايتها – حتى ظهرت الكتابة، وبدأ العرب في تدوين العمل الأدبي، وكان ذلك إحلالاً للذاكرة من مهامها، وإدخال الورق محلها، وذلك للاحتفاظ بنصوصهم دون تحريف أو نسيان، ولمعت المرحلة الجديدة في المجتمع العربي وهي «الانتقال من الرواية الشفوية والتداول المباشر عبر الأذن إلى التدوين الذي يضمن التواصل بواسطة العين عبر عملية القراءة والاحتفاظ بالنص وتخزينه من خلال المخطوط مدة طويلة من الزمن»[8].

وما إن بدأت بوادر الدعوة للتجديد في العصر العباسي من قبل بعض الشعراء كأبي نواس، والبحتري، وأبي تمام، وبشار، وغيرهم حتى اشتعلت أزمة النقد العربي ما بين مؤيد ومعارض، وأصبح الصراع بين القديم والحديث هو الشغل الشاغل في تلك الآونة، بسبب الخروج على أعراف القصيدة العربية التقليدية، ولعل من الأمثلة التي مثلت ثورة التجديد هو: أبو نواس حينما اعترض على المقدمة الطللية، وذلك كما في قوله[9]:

دَعِ الأطـــلالَ تَسـفيها الجَنـوبُ

وَتُبلـــي عَهــدَ جِدَّتِهــا الخُطـوبُ

وَخَـــلِّ لِراكِــبِ الوَجنــاءِ أرضــاً
تَخُـــبُّ بِهـــا النَجيبَـــةُ وَالنَجيـــبُ

بِـــلادٌ نَبتُهـــا عُشَـــرٌ وَطَلــحٌ
وَأكثَـــرُ صَيدِهـــا ضَبـــعٌ وَذيـــبُ

وهو بذلك يرفض رفضاً قاطعاً لكل ما ورد من ثوابت تقليدية بالماضي، وكأنه يستشرف المستقبل وما يمكن أن يعتريه من تجديد وتغيير، إذ أخذت الحياة العباسية في التغيير والتحضر، الأمر الذي دفع أبا نواس وغيره للبحث عما يناسب ذلك التحضر من تغييرات على مستوى القصيدة العربية. ومن ثَمَّ كان لا بد من ظهور دعاوى التجديد، حتى وإن اشتملت على فكرة التزيين أو الزخرفة، أو هدم ثوابت القصيدة وأعرافها، كما حدث في الموشحات الأندلسية فيما بعد.

لقد تحررت القصيدة في العصر العباسي من القافية الموحدة، وانتشر الشعر المجزوء الذي تحذف فيه تفعيلتي البيت لضربه وعروضه، ومن ثم هجر بعض الشعراء التقليد المتوارث في شكل القصيدة واتجهوا إلى الشعر سريع الإيقاع، وهو ما يعرف بالشعر الغنائي، فأدى إلى التحرر من نظم القصيدة المطولة بقافية واحدة إلى نظم قصيدة مطولة بدون قافية موحدة، وظهرت ضروب من الشعر، كالشعر التعليمي، والشعر القصصي....، وغيرها.

وقد ظهر فن الموشحات بعد ذلك في الأندلس، وكان هذا اللون يعد بمثابة تحطيم الشكل التقليدي للقصيدة العربية، إذ لم يلتزم بحر معين، أو قافية موحدة، كما استعمل بعض الألفاظ المعجمية، واختلف في

طريقة بنائه ونظمه عن الشعر العربي القديم، ومن ثم عرف النقاد هذا الفن بأنه: «كلام منظوم على وزن مخصوص، وهو يتألف في الأكثر من ستة أقفال وخمسة أبيات، ويُقال له التام، وفي الأقل من خمسة أقفال وخمسة أبيات، ويقال له الأقرع، فالتام ما ابتدئ فيه بالأقفال، والأقرع ما ابتدئ فيه بالأبيات»[10]، وظهر نتيجة الاختلاط بالعجم، والتمازج مع تلك الثقافة الأجنبية الجديدة، وظهرت المقطعات، حتى وصلنا إلى الأدب العثماني والمملوكي، ذلك الأدب الذي أنتج موضوعات لم تنل قبولاً من قِبَل دارسي الأدب ونقده، فأطلقوا عليه أدب الجمود والتقهقر الفكري، على الرغم من وجود بعض المفكرين والمنظرين في تلك الحقبة الزمنية الذين أنتجوا لنا ما يسمى «الموسوعات الكبرى»، إلا أن الطابع الشعري ظهرت عليه بعض ملامح هذا العصر، فقد اهتم الشعراء فيه بفنون البديع، وظهر التكلف فيه واضحاً، وبدت عليه علاقات التطريز والتدبيج، والإلغاز، وظهر فيه حسن التقسيم، والمساواة، وأصبحت التوشية هي جُلَّ اهتمام الشعراء، وأصبح التشكيل البصري أهم من السمعي، وتحول العنصر الصوتي إلى عنصر فعال فيما يحدثه من رنين موسيقي بين نغماته المتعددة.

وبالرغم من الاتهامات المتعددة التي وجهت إلى ذلك العصر، إلا أن الشعراء فيه قاموا بإنتاج نوع من القصائد عرف بالقصيدة الهندسية أو القصيدة التشكيلية، وهذه القصيدة مثلت فكرة التشعب فيها ما يمكن أن نجده داخل القصيدة الرقمية/ التفاعلية في القرن العشرين، وإن اختلف الوسيط الحامل لكل منهما.

أما في العصر الحديث، فمع ظهور ثورة التجديد والتحديث في أوروبا، بدأت النظرة إلى الشعر تتغير، إذ بدأ الاتجاه إلى الاهتمام

بالذات الإنسانية أكثر من الاهتمام بالموضوعات العامة، وبدأ شعر المناسبات يتضاءل في مقابل التوجه إلى الشعر الذاتي، وقد انتقلت تلك السمات الجديدة إلى القصيدة العربية، وظهرت بوادر التجديد بداية على يد البارودي، الذي أسس للمدرسة الكلاسيكية، وظهر من بعده الاتجاه الرومانسي متمثلاً في جماعة الديوان، وجماعة أبوللو، وظهور أبناء الرابطة القلمية «جماعة شعراء المهجر» وظهور المدارس الأدبية المختلفة التي تطورت بفعل تطور الأحداث العالمية والمحلية التي أذنت بظهور الواقعية، تلك التي اهتمت بقضايا الإنسان، ومدى معاناته.

وقد لجأ أنصار الواقعية إلى رسم صورة صادقة للمجتمع باحثة عن الحلول لمشكلاته وأزماته المتنوعة، ومن ثم كانت الحاجة إلى شكل فني جديد على مستوى الأداء الشعري أو النثري، فظهرت لنا قصيدة التفعيلة، على يد كل من نازك الملائكة، عبد الوهاب البياتي، وبدر شاكر السياب، وصلاح عبد الصبور، وأحمد عبد المعطي حجازي،.... وغيرهم من هذا الجيل الرائد في قصيدة التفعيلة، وتطور الأمر حتى وصلنا إلى ما يسمى بالقصيدة النثرية، وانقسم النقاد ما بين مؤيد ومعارض، من ذلك الخلط الذي حدث بين كينونة الشعر والنثر.

ثانياً: الوسيط الورقي ومرحلة الوعي الكتابي:

إن الانتقال من مرحلة الشفوية إلى مرحلة الوعي الكتابي وإدراك أن الكتابة الموجودة من خلال اللغة وآلياتها هي التجسيد الملائم لوعي الشعر وصياغته في زمن اللغة، فيترجم كل ذلك بالجمع بين قطبي الزمان واللغة، ويمكننا تمثيلها كالتالي:

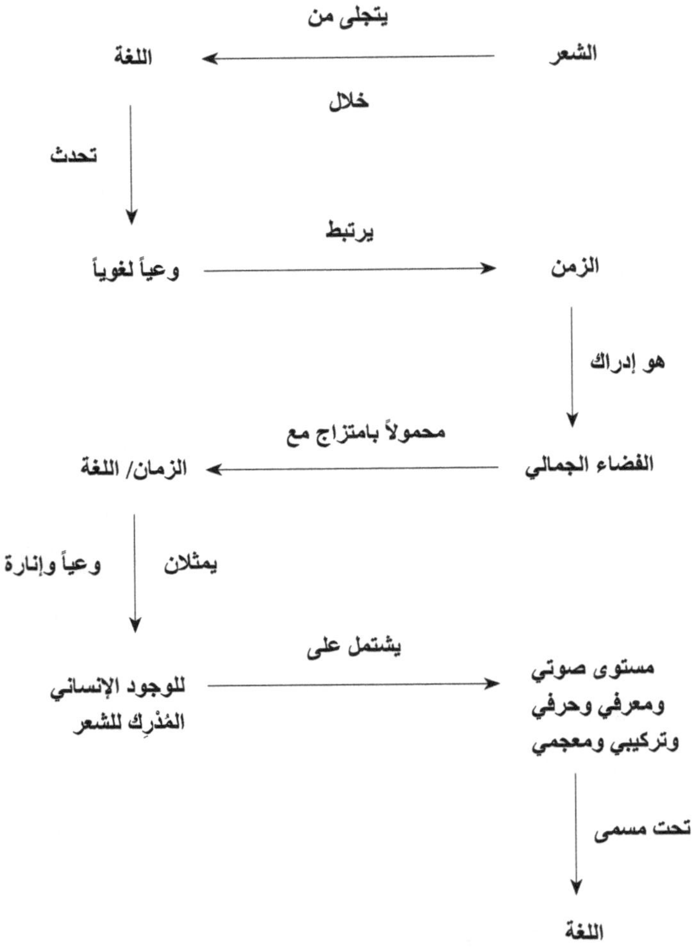

يقول مارتن هيدجر «بأن الوعي الشعري يحوّل وجـوده في الزمـان إلى وجود لغوي أصيل يحقق تاريخية الإنسان وعالمه»[11]. ومن ثم فكتابة الشعر المتمثلة خلال اللغة جعلت المتلقي يدرك مدى انفتاح الشاعر على العالم، ونستطيع القول أيضاً بأن اللغة هي الشعر

ذاته، وقوة الشعر تأتي من صلابة اللغة المعبرة بآلياتها ومستوياتها عن العالم الوجودي المتعايش فيه فتحول الشعر بفضله من السببية إلى الفعلية ومن الموضوعية إلى الذاتية[12]، وبذلك انتقل الإنسان بسبب تعدد المعرفة من «الشفوية إلى التداول المباشر عبر الأذن إلى التدوين... والاحتفاظ بالنص وتخزينه من خلال المخطوط مدة طويلة من الزمان»[13]، كما ظهرت تأثيرات البعد البصري الذي تمثله الكتابة.

والمتعارف عليه بأن الكتابة كانت على الحجر والجدران، وكانت عبارة عن رموز ثم صور، فوجد الإنسان صعوبة في فهم تلك الرموز المرسومة، وانتقل إلى الرموز المسموعة، وتطور الرمز الصوتي إلى الكتابة، فكتب الإنسان على ألواح الخشب وأوراق البردي، وكل ما يُسْتَمد من الطبيعة، ثم اخترع الإنسان الآلة وكان يوهانس جوتنبرغ أول مخترع لآلة الطباعة، فخرج الأدب من نطاق المحفوظ المروري عبر الذاكرة إلى المكتوب على الورق، ومن هنا اطمأن الإنسان على موروثه «بفضل التدوين، فراح يطوّر إبداعاته، فظهرت أجناس أدبية جديدة، كانت محدودة التداول... ثم ظهرت أشكال شعرية تمثلت في شعر التفعيلة، وقصيدة النثر، وعلى الرغم من عجز الكتابة عن نقل مؤثر صوتي مصاحب للنص الشعري إلا أن هذا الأخير حظي بخطوط ورسوم عززت تأثير الكلمة، بالإضافة إلى علامات الترقيم والبياض.. وغيرها من العلامات الخاصة بالكتابة لمكونات ذات دلالة، وبات غياب أحدهما يفقد النص جزءاً من دلالته، فأصبح هناك الحديث عن الشعر الكتابي التي أصبحت الكتابة عنصراً من عناصر بنائه الفني»[14].

وَمِن هنا تجلت الكتابة وأصبح لها دور مهم في حياتنا اليومية فبسببها حُفِظ التراث من الضياع، وبمجرد أن اتخذت الكتابة مكاناً بارزاً لها، إذ ظهر لها اختراع جديد يزاحم في الأفق وهو: الحاسوب، وظهرت الشبكة العنكبوتية، وتوسع مجال الأدب.

ظلت عملية الإبداع عملية مرتبطة بالثقافة المجتمعية، فالكاتب أو المبدع يخرج عمله إلى العالم المحيط به أولاً، ثم تتلقاه أسماع المتلقين له، وهو مسار طبيعي لأي نص يتم إنشاؤه، وقد ظلت فكرة هيمنة المؤلف على النص وانفراده بالسلطة تجاهه مهيمنة على الفكر النقدي لقرون طويلة، ولكن مع ظهور بعض النظريات الحديثة، لا سيما مع البنيوية والشكلانية في العصر الحديث، بدأ التمرد على هذه الأعراف، فتمرد النقاد على سيطرة المؤلف، وظهوره المستمر في مراحل تسلسل النص، سواء كان تأليفاً، شرحاً، تأويلاً، تحليلاً، استنتاجاً حتى نهايته، وتزامناً مع ظهور العولمة ووسائل الاتصال الحديثة وتطور التكنولوجيا، اجتمع النقاد على مبدأ مشترك «وهو فك الارتباطِ بين النص ومؤلفه جزئياً أو كلياً، فكان حضور المؤلف عقبة في تحديد مسار النص، وأيضاً في تحرير النص من السلطة المنتجة»[15]، وظلت الأزمة في تصاعد بين سلطة المؤلف وتمرد النقاد، وانفراد النص بآلياته وتأويلاته ولغته حتى انتهى إلى استقلال النص بكينونته، قائماً بذاته، والنتيجة التي ترتبت على ذلك هي ظهور نظرية موت المؤلف، فأصبح النص هو «بناء لغوي، واللغة فيه متكلمة عن ذاتها، ومتكلمة عن الأشياء خارجها وفق الصورة التي ترى بها الأشياء، وهي وسيلة التواصل ومادة النص وغاية

الجمال»[16]، والنص خلال ذلك لا يقع تحت سلطة المبدع وحده، وإنما يخضع للتغيير والتحول وفقاً لكل قراءة جديدة ينتجها متلق جديد، ويمكن تجسيد ذلك عبر هذا التصور:

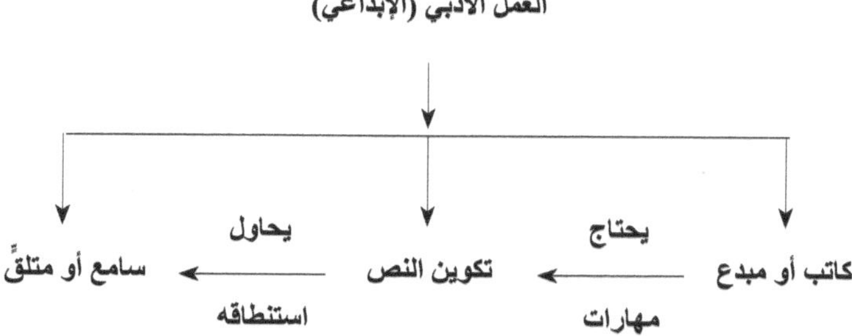

وبتطور عصر الصناعة الذي أفضى إلى تطور التكنولوجيا، وظهور وسائط معرفية، ووسائل تواصل لم نألفها من قبل، تحول العصر إلى حالة من التقدم السريع لكل مناحي الحياة التي نتج عنها حالة من الارتباك في كيفية إدراك هذا التزاحم التكنولوجي السريع، مما كان له الأثر الملحوظ على المجتمع العربي وغير العربي، ومع التكنولوجيا الحديثة التي ظهرت تأثيراتها المتنوعة خلال القرن العشرين أصبح العالم في حالة من التسارع والتفاعل ليواكب التكنولوجيا المقتحمة لكافة المجالات، وتأثيرها الملحوظ على المجتمع بحد ذاته، وخاصة ظهور شبكات الإنترنت، فأصبحت التكنولوجيا هي الحكم السائد في هذا العصر، واصطدم الأدب مع التكنولوجيا محاولاً كل منهما التأثير في الآخر، أو التأثر به، فخرج لنا في الفضاء الرقمي أدبٌ جديدٌ في حُلْيَة جديدة، له وسائط رقمية عرف بالأدب الرقمي. هذا الأدب يرصد ويعبر عن هذا التغير التكنولوجي،

وكل ذلك له تأثير كبير في المجال الأدبي، فهو واحد من المجالات الراصدة والمعبرة عن كل تغيير في ثقافة أو قضايا الحياة، ومن تلك المؤثرات اقتحام التكنولوجيا المجال الشعري والتأثير فيه.

ثالثاً: من الوسيط الورقي إلى الوسيط الرقمي:

لقد أحلت التكنولوجيا الرقمية الوسيط الرقمي محل الوسيط الورقي؛ ذلك أن هذا الأخير لم يعد يقنع المتلقي كما كان من قبل، «ولم يتمكن من إقناعه بأهميته وفاعليته في بنائه وبلورته، لهذا جاز لبعضهم أن يصفوه بالقاصر، وأن يلصقوا به صفة القصور فبرغم المجهود الذي كان يبذله قارئ النصوص الورقية، فإنه لم يشبع حاجاته المختلفة لتشكيل الصور ورسم الخيالات كما يريد، بل كان يشعر دائماً أنه منقاد للمعنى الذي أريد له من خلال الأفق الذي توقعه كاتبه له»[17].

ومن ثم أصبح ذلك النمط الجديد من الأدب يتطور بتطور الوسيط التكنولوجي، تقول الدكتورة فاطمة البريكي «هذه المرحلة الإلكترونية في حياة النص الأدبي تمثل انتقالاً من عهد إلى عهد، وتشبه الانتقال من حضارة المشافهة إلى حضارة الكتابة قديماً، وقد شهد القرن العشرون انتقال الآداب الإنسانية من الورق إلى حضارة التكنولوجيا، والإلكترونية التي أخذت تتغلغل في مختلف جوانب الحياة دون حد أو قيد، ولا بدّ أن تكون مثل هذه الطفرة ذات أثر بالغ ليس فقط على نوع النصوص المقدمة (ورقية، إلكترونية) إنما على طبيعتها، ونوعية الأفكار التي تطرحها، ومدى تواؤمها مع معطيات العصر»[18].

إن الانفتاح والعولمة أحد الأسباب الرئيسة في تطور وسائل الاتصال، حيث أصبح العالم كله يرتبط ببعضه بعضاً عن طريق شاشة حاسوب زرقاء معتمدة على التكنولوجيا، والتي أصبحت عماد الحياة الراهنة بوسائطها المتعددة، ومن ثم تغيرت وتبدلت طرق الإبداع والتأليف والقراءة والتلقي، كما تغيرت النظرة إلى طبيعة النص الأدبي، وهو ما وضحه د. سعيد يقطين في قوله: «بأن الكتابة وخاصةً الرقمية هي عملية معقدة ومركبة بالقياس إلى غيرها، وهي تتطلب إلى جانب موهبة الكتابة والمعرفة بتقنياتها وقواعدها إلماماً بالمعرفة المعلوماتية الأساسية لإنتاج نص رقمي ملائم ومجدد دينامي»[19].

إن تلك التحولات التي حدثت للنص الأدبي مع ظهور الرقمنة وتأثيراتها تطرح علينا منذ ظهورها عدة تساؤلات ترتبط بكيفية الربط بين الأدب كمنتج شعوري يحمل طبيعة تخييلية، والتكنولوجيا وما تحمله من مادية، فنتساءل معها: كيف يمكن للنص الأدبي أن يواكب الوسائط الرقمية؟ وكيف يمكن المواءمة بين التخييلي والمادي؟ وهل سيقبل المجتمع العربي هذا الشكل؟ وهل يستطيع المبدع تجسيد وتجسيم الخيال عبر هذه الوسائط الرقمية؟ وهل سيتلاشى دوره في مقابل سلطة أصبح يتزعمها المتلقي داخل النص؟ وهل سيكون المتلقي صاحب دور أكبر وأهم من دور المبدع بكونه هو المؤثر والمتأثر بهذا العمل الأدبي؟ وهل ستنجح هذه التجربة الحديثة المواكبة لسير التكنولوجيا أم لا؟، فالمعروف أن الشعر هو حالة من الخيال يعيشها المتلقي، فكيف للنص الرقمي أن ينقله من حالة التخييل إلى حالة

الافتراض في الملموس المدرك، وما مدى تأثيره في الملتقى من حيث آلياته المحمولة بالبصريات والسمعيات وحواس أخرى تجعله يتعايش ويتفاعل مع النص بشكل أكثر إيجابية؟

لا بد أن نسلم بأن الرقمنة غيرت ملامح كل شيء في المجتمع، ثقافياً وفكرياً واقتصادياً.... فمن الطبيعي أن تكون قد أثرت تأثيراً مباشراً في الأدب في كافة أوجهه، سواء على مستوى الشكل أو الخصائص أو المضمون. وأصبحت عملية الإبداع تتمثل في ثلاثة أوجه: الكاتب الذي أصبح بعد التطور الرقمي (مؤلفاً)، والنص الذي أصبح يقدم عن طريق (وسيط رقمي)، والقارئ الذي بدوره أصبح (متلقياً) رقمياً كذلك، وبإمكانه أن يتدخل في جسد النص بالتعديل والإضافة والتغيير والاختيار، ووضع مساحة كبيرة له، ومساحة كبيرة في إنتاج النص وتحديد هويته، ومن ثم أصبح المتلقي صاحب دور رئيس في تقييم العمل الرقمي وتقديمه؛ لكونه مؤثراً فيه بالتفاعل معه، والتغيير في أجزائه، وتحكمه في مجرى النص، ويتضح ذلك كما في الشكل التالي:

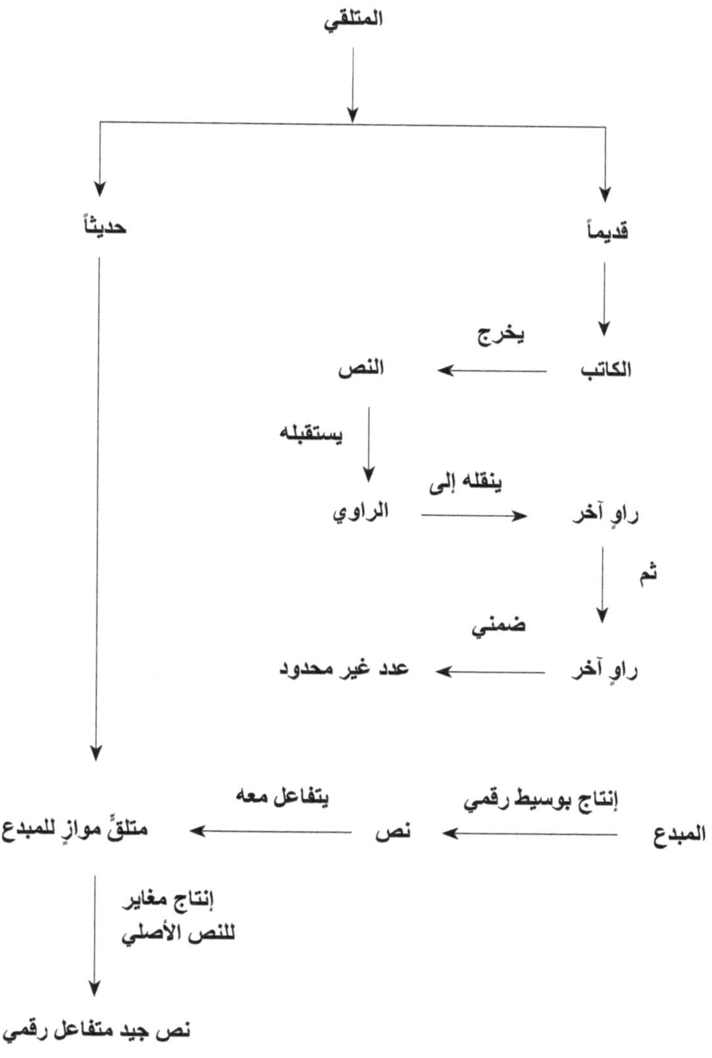

إن المتلقي هنا هو الأهم بالنسبة للنص الرقمي، فقد أضاف له روحاً جديدة، وذلك نظراً لتدخله فيه، سواء أكان بأفكاره أو بتعديل

مسار النص، مما أدى إلى خلق نص جديد يحمل روح التفاعل والتغير الرقمي، وبذلك تحققت فكرة الانفتاح داخل النصوص بناء على أفكار أصحاب الاتجاه البنيوي، حيث يقول رولان بارت، إن النص هو «نسيج من الاقتباسات والإحـالات والأصـداء من اللغات الثقافية السابقة أو المعاصرة التي تخترقه بالكامل»[20]. ومن ثم يبدأ النص مرحلة جديدة يتزعمها المتلقي، سواء بالتـأليف أو التغيير أو التأويل، وذلك عبر إضافاته وتعليقاته وثقافته، ويرى الدكتور سعيد يقطين «أن عملية تقديم النص تنهض على ركيزتين اثنتين: البناء وإعادة البناء، يضطلع المؤلف ببناء النص وفق الشكل الذي يراه أنسب لتمثيل رؤيته للعالم الذي يقوم بتشكله، إنه البناء الذاتي، أما إعادة البناء فتتمثل في العمل الذي يضطلع به المتلقي لاستخراج دلالة النص من خلال تفاعله معه، وإعادة بنيته لتحقيق ذلك، إنه البناء التفاعلي»[21].

لقد ربط يقطين بين تفاعل المتلقي مع النص، وجعل التفاعل ركيزة أساسية، وكأن المتلقي يتفاعل مع شيء محسوس مادي، فهو بذلك يستطيع التنقل، والاختيار، والحذف، والتعديل، والإضافة. فيكون مشاركاً فعالاً في إنتاج النص، وهذا ليس بجديد ففي التراث القديم وخاصة «ما يتعلق بالأدب، نجد الملاحم الشعبية والأساطير والفنون الشعبية... التي ظهرت بوضوح من خلال تعدد الأصوات وتفاعلها، وآليات التناص، وتعدد الذوات الكتابية، والتي تحول السرد في كل الأشكال العريقة إلى ظاهرة وممارسة ذات نصوصية جمالية تنبع من كينونة النص ذاته»[22]. وهذا التفاعل أصبح سمة ملازمة للنص الرقمي بكافة أنواعه وأنماطه المتعددة.

المبحث الثاني:

الأدب الرقمي.. النشأة والمفاهيم

أولاً: ماهية الأدب الرقمي

ثانياً: سمات النص المترابط

ثالثاً: إشكاليات الأدب الرقمي

أولاً: ماهية الأدب الرقمي:

ارتبطت التسمية التي أطلقها النقاد على الأدب الرقمي بذلك الوسيط الذي يقدم من خلاله، فبعدما كان النص الأدبي يقدم على الوسيط الورقي أصبح – بفعل التكنولوجيا – يقدم من خلال الوسيط الرقمي وهو الحاسوب، وتلك التسمية ترجع إلى الصيغة الرقمية التي يتم من خلالها كتابة النصوص داخل الحاسوب، وهي الصيغة الثنائية (0، 1)، ومن ثم ارتبطت التعريفات المتعددة التي أطلقها النقاد على هذا النوع الجديد بالرقمنة، فنجد الدكتورة فاطمة البريكي تعرفه بقولها: «هو جنس أدبي جديد ظهر على الساحة الأدبية يقدم أدباً جديداً يجمع بين الأدبية والتكنولوجيا، ولا يمكن لهذا النوع من الكتابة الأدبية أن يتأتّى لمتلقيه إلا عبر الوسيط الإلكتروني من خلال الشاشة الزرقاء المتصلة بشبكة الإنترنت العالمية، ويكتسب هذا النوع من الكتابة الأدبية صفة التفاعلية بناءً على المساحة التي يمنحها للمتلقي، والتي يجب أن تعادل أو تزيد عن مساحة المبدع الأصلي للنص»[23]، ونجد أن الدكتورة فاطمة عبد الحميد تتحدث عنه قائلة: «إذا كانت لغة الحاسوب تعتمد الصيغة الثنائية (0، 1) في الكتابة وحفظ البيانات، فقد تحول النص الأدبي عند دخوله عالم الحاسوب إلى مجرد أرقام تحفظ بهذه الطريقة الرقمية السابقة، فانتقلت كُلّ من الكلمات

والصور والرسومات والبيانات من صيغتها الفنية داخل النص إلى مجرد أرقام»[24]، وهذه العناصر عند استدعائها مرة أخرى تتحول من كونها أرقاماً مسجلةً على ذاكرة الحاسوب إلى طبيعتها الكتابية والبصرية، وكذلك السمعية مرة أخرى، ومن ثم فإننا نجد أن الأدب الرقمي هو أدب ترتبط قراءته وتأليفه وتلقيه من خلال الحاسوب، حيث تمثل الرقمية له فضاءً ووسيطاً في الوقت نفسه.

ومع تزاوج الأدب بالتكنولوجيا ظهرت لنا أنواع وأجناس أدبية لم نكن نعهدها من قبل فأصبحنا نسمع عن القصيدة الرقمية، والرواية الرقمية، والمسرح الرقمي، والمقال الرقمي، وجميعها ارتبطت بذلك التقدم التكنولوجي الذي انتشر بصورة كبيرة خلال القرن العشرين، وتعرف الدكتورة إيمان يونس الأدب الرقمي بقولها: «الأدب الرقمي هو ذلك الأدب الذي يستفيد من الإمكانيات التي تتيحها برامج الكمبيوتر، وشبكة الإنترنت، فالأدب الرقمي هو ذلك الأدب الذي يعتمد على خصائص وتقنيات تكنولوجية في إنتاجه وتلقيه، بحيث لا يمكن طباعته على الورق دون أن يفقد من خصائصه، ومن هذه التقنيات استخدام الرسومات، والصور الفوتوغرافية، ولقطات الفيديو، وتوظيف الحركة، والصوت، وإدراج الروابط»[25].

والأدب الرقمي منذ نشأته قد مر بعدة تحولات على مستوى طبيعة نصوصه وتشكيلها، إذ ظهر في البداية ما يعرف بالنص الإلكتروني، ومن بعده النص الرقمي، ثم النص المترابط الذي يشكّل ما يعرف بالأدب الرقمي/ التفاعلي، وهذه الأنواع جميعها تتسم بالطبيعة الرقمية مع اختلاف في بنيتها وتناولها، وذلك كما نرى في الشكل التالي:

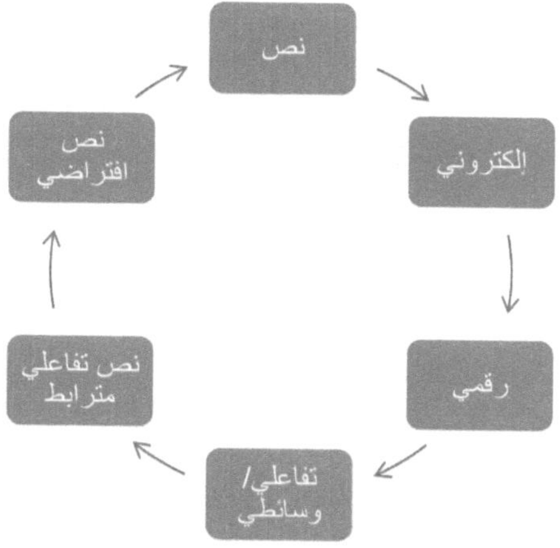

فإذا نظرنا إلى مراحل تطور الأدب الرقمي نجده قد مَرَّ بعدة مراحل:

– النص الإلكتروني.

– النص الرقمي.

– النص المترابط.

1 – النص الإلكتروني:

نص يُقَدَّم عبر شاشة الحاسوب، ولكنه في الوقت نفسه يشبه بشكل كبير النص الورقي، غير أن الأول يقدم عبر وسيط رقمي، بينما يقدم الثاني عبر وسيط ورقي، فالنص الإلكتروني يحمل طبيعة رقمية ويُكْتَب بشكل سطري، حيث تنتفي فيه سمة اللاخطية، وسمة

اللامركزية، ويمكن طباعته على الورق، ويمثل هذا النوع من النصوص تلك التي تعرض على الحاسوب في صيغة (PDF) أو (OCR) ومنها تلك الكتب والسلاسل العلمية والملفات التي تتأتى على هذه الصيغة. «فالأدب الإلكتروني يركز على شكل النص الجديد وتكنولوجيا المعلومات من اشتغال الوحدة المركزية، أما الأدب الرقمي الذي يستعمل في المدرستين الفرنسية والإنجليزية، فوصفه بالرقمية يعود إلى أن الرقمية هي الطريقة الجديدة في عرض الأدب من خلال النظام الرقمي الثنائي (0، 1)، والذي يقوم على جهاز الحاسوب، أما المترابط فهو يركز على تقنية الترابط التي تنظم النص الأدبي بناء على ما تقدمه المعلومات من روابط يجمع بينها، متيحاً بذلك للمستخدم أو المتلقي الانتقال من نص لآخر حسب حاجته»[26]، وهذا النوع ـ الإلكتروني ـ هو أقدم أشكال النصوص التي ظهرت مرتبطة بالحاسوب، حيث انتشر في فرنسا بين عامي 1980م إلى عام 1990م، وكان يمثل لديهم تقديم النصوص الخطية عبر الحاسوب، وهذا النص لا تختلف فيه طرق الكتابة أو القراءة عن النص الورقي، وقد حدد له الدكتور أحمد نظيف[27] بعض السمات التي ينفرد بها عبر النقاط التالية:

1 ـ ترقن القصيدة في أحد برامج معالجة النصوص الشائعة كبرنامج الوورد (word) وما توفره هذه البرامج من تقنيات كتابية مرنة تساعد على عدم التّنكُّر لأصل الكتابة الورقية.

2 ـ يتم بناء النص من خلال الطريقة الخطية من الأعلى إلى الأسفل.

3 – تتأتى هوية النص من خلال اللغة، حيث تحتل الكلمات والعبارات أهميةً في بناء النص.

4 – لحظة الكتابة هي لحظة سابقة عن الكتابة على شاشة الحاسوب.

5 – القارئ لا يختلف كثيراً عن قارئ القصيدة الورقية.

وهذا النوع من النصوص يكون التفاعل فيه ضعيفاً جداً مقارنةً بالأنواع الرقمية الأخرى، إذ يقتصر دور المتلقي فيه على التقليب بين الصفحات، ولا يمكنه في الوقت نفسه أن يقوم بالتعديل أو الإضافة أو الاختيار داخل النص، كما أن المبدع يفرض عليه نسقاً سطرياً في القراءة، فعليه أن يبدأ من أول النص حتى النهاية بدون حرية الاختيار. كما أنه لا يحتوي وسائط متعددةً لطبيعة تشكيله، ومن ثم التفاعل فيه يكاد يكون سلبياً، ولذلك أطلق الدكتور سعيد يقطين على هذا النوع من النصوص: النص السلبي «لا بد أن نوضح بأن النص الرقمي يتضمن مستويين أحدهما سلبي لا يتم فيه توظيف أي خاصية من خصائص النصوص الإلكترونية، ويكون أقرب إلى النشر الورقي، والآخر إيجابي يتم فيه توظيف الخصائص الإلكترونية التي تتداخل فيها الصور بالأصوات بالحركات بالنصوص المكتوبة... وغالباً ما يقصد بالنص المتفرع الإيجابي منه»[28].

2 – النص الرقمي:

هو ذلك النوع من النصوص الذي يَتَشَكّل أساساً على جهاز

الحاسوب، وتتدخل الوسائط المتعددة – من: صور، ورسومات، وفيديو، وأصوات – في تكوينه، ومن ثم لا يمكن طباعة مثل هذه النصوص على الورق؛ لأن الرقمنة فيه أصبحت عنصراً رئيساً، فهو يكتب ويؤلف ويتلقى عن طريق الحاسوب.

ويمكن للمتلقي تجاه هذا النص أن يتفاعل مع الوسائط المتعددة التي يحويها، كما لا يشترط أن يتأتّى بالطريقة الخطية التي يلتزم بها النص الإلكتروني، فيتميز النص الرقمي باللامركزية، واللاخطية، واللاسطرية في الكتابة، مما يتيح للمتلقي التنقل بين أجزائه وفقراته بحرية تامة، «فهو جملةٌ من العلامات المتغيرة والمتَّسمة أساساً بالحركية الدائمة، التي توفرها التقنية الرقمية وتحديداً الحاسوب، وهذا يؤدي بالضرورة إلى التفاعل، فالدراسات الحديثة والمعاصرة تركز على التفاعل الذي يحدثه العمل الأدبي الفني لدى المتلقي، إذ لا يكتمل هذا العمل دون هذا الشرط، لكون التفاعل دليلاً على فعل استقبال الرسالة والتواصل الفعلي في العمليات التواصلية»[29].

وبالرغم من السمات التي يحملها النص الرقمي، إلا أن درجة التفاعل تتأتّى فيه بصورة ضعيفة أيضاً مقارنةً بالنص المترابط؛ لأنه لا يتيح للمتلقي التدخل الفعلي في جسد النص، سواء بالكتابة أو التعليق أو حتى الاختيار، لأنه لا يتم بناؤه من خلال تقنية (hypertext)، ولكنّ التفاعل يظهر فيه – بشكل كبير – من خلال وسائطه المتعددة وما لها من تأثير في المتلقي، ولذلك يرى الدكتور حسام الخطيب أن هذا النوع من النصوص لا يمكن التعديل فيه بالحذف أو الإضافة، فهو «يكون مغلقاً في وجه أية تعديلات على

يد المستعملين (القراء)، ولكن بالطبع تبقى للمستعملين حرية التجول بين شبكة الكتل والوصلات على النحو الذي يرضي أهدافهم، ولكنهم لا يستطيعون أن يغيروا أياً من الجسم الأصلي للنصوص أو طريقة تشكيلها»[30]، فالنص الرقمي يعتمد على الوسائط الرقمية فقط بدون أي حرية في الإضافة أو التعديل أو الحذف، فهو عمل أدبي تستطيع قراءته على شاشة الحاسوب أو مشاهدة قصة تحمل الطابع الوسائطي (وسيط رقمي) كفيديو، وأيضاً لا يستطيع المتلقي أن يتفاعل معه فهو مجبور على المشاهدة فقط.

3 – النص المترابط:

هذا النص يمثل أحدث أنواع النصوص الأدبية التي ظهرت مرتبطةً بالرقمنة، إذ يتم تشكيله وتأليفه من خلال تقنية النص المترابط (hypertext) التي ظهرت على يد تيد نيلسون عام 1965م، عندما قام بتصميم (النص الفائق)، ومن ثم انتقل ذلك إلى حقل الأدب ليظهر لنا ما يعرف بالأدب التفاعلي الذي يعتمد على هذا النوع من النصوص.

ويتيح النص المترابط للمتلقي الإبحار خلاله بحرية تامة عن طريق التنقل بين روابطه المختلفة، وعبر أجزائه التي كُتِبت بطريقة غير خطية، فالنص المترابط لا يعرف المركزية وإنما يخضع في تكوينه لتلك الأفكار التي جاء بها تيار ما بعد الحداثة من تشتت، وفوضى، وتعدد، ولامركزية، ومن ثم يمكن قراءة هذا النص من النقطة التي يختارها المتلقي، وأن يختار أيضاً لنفسه البداية والنهاية التي يريدها.

والسمة الأبرز التي يتسم بها النص المترابط هي جعل المتلقي مبدعاً آخر موازياً لمبدع النص الأصلي، وذلك عبر ما يتاح له من إضافة، أو تعديل، أو اختيار، أو تعليق، أو حذفٍ داخل النص، كما أن سمة التشعب تجعله يتتبع مسارات بعينها دون الأخرى، ويفضل عناصر خاصة على أخرى، «أضف إلى ذلك، فإن تقنية الهايبرتكست أدت إلى إحداث تغييرات جذرية في اتجاهات القراءة، وجعلت القارئ شريكاً في بناء النص. فبوجود هذه التقنية لم تعد القراءة خطية Linear ذات اتجاه واحد كما هو الأمر مع النص المطبوع، بل أصبحت متفرعة وذات اتجاهات عديدة، وأصبح مبنى النص يعتمد على اختيارات القارئ لهذه الروابط. فلو تناولنا «قصة ربع مخيفة» مثلاً، نجد أن المؤلف يخاطب القارئ في نهاية كل صفحة ويطلب منه أن يتخذ قراراً بالنسبة لسير الأحداث، وذلك عن طريق اختياره للروابط، فكل رابط يحيل إلى نهاية مختلفة للقصة. وبذلك تتفرع اتجاهات القراءة ويصبح القارئ مشاركاً فاعلاً في بناء الحبكة، ويقرر مصير الشخصيات. وفي رواية «شات» يجد القارئ نفسه أيضاً أمام روابط كثيرة، يمكنه الاختيار بينها، فيقرر ما يريد فتحها منها وما يريد القفز عنها دون قراءة محتواها»[31]. وبذلك يعد التفاعل تجاه هذا النص من أقوى أنواع التفاعل تجاه النصوص الرقمية، فالمتلقي لأول مرةٍ يستطيع أن يتدخل بشكل مادي في جسد النص، ويكون تفاعله حقيقياً على عكس ما كان يحدث تجاه النصوص الورقية التي يتوقف فيها التفاعل عند مجرد الانطباعات والأحاسيس تجاه النص، وأيضاً على عكس النصوص الرقمية السابقة التي يتوقف فيها دور المتلقي على التقليب بين الصفحات على شاشة الحاسوب، أما النص التفاعلي

يجعل المتلقي يُكَرِّس كل حواسه للتفاعل معه، فهو من خلاله يستطيع التحكم في قراءة النص فمن حقه «عدم القراءة – الحق في القفز على الصفحات – الحق في عدم إنهاء الكتاب – الحق في إعادة القراءة – الحق في قراءة أي شيء – الحق في البوفارية[32] – الحق في القراءة في أي مكان – الحق أن نقطف من هناك وهناك – الحق في قراءة بصوت عالٍ – الحق في أن نصمت»[33]، وهو ما جعل للمتلقي الدور الأسمى في التفاعل مع القصيدة، وصنع ما لم يكن متخيلاً من قبل عند القراء القدامى، وهذه نتيجة تُحْسَبْ للتقدم التكنولوجي.

ومـن ثم وصـف الدكتور سعيد يقطين هـذا النص بأنه نص إيجابي؛ لأنه يحقق أكبر درجات التفاعل للمتلقي، وهو ما جسدته الدكتورة زهور كرام في رؤيتها عن الأدب التفاعلي، حيث تقول: «إنَّ القارئ الرقمي يعيش حرية مفتوحة على الخيارات الذاتية في القراءة النصية، إذ تسمح له تقنية النص المترابط بأن يختار النص للقراءة... كما يُصبح هو المتدرب لأسلوب القراءة ومنهجها، لديه حرية المرور من أي طريق شاء، كما لديه صلاحية القرار من أين يبدأ أو أين ينتهي، وهذا ما يجعله منفتحاً على قراءات مختلفة كلما تواصل مع النص وغير طريقة القراءة»[34]، وهذه القراءات المختلفة تنتج بدورها أعداداً وأنواعاً لا حصر لها من النصوص حسب ميول المتلقي ورغباته واختياراته المتعددة.

وقد تعددت المسميات لهذا النوع من النصوص، ويرجع ذلك إلى الترجمات المتنوعة لمصطلح (hypertext) حيث تتبنى كل تسمية وجهة نظر معينة، وذلك كما بالتالي:

– Hyper text

– المترابط.

– الفائق.

– المتفرع (المفرع).

– التشعبي.

– العنكبوتي.

– التشعبي التخييلي.

– المتعالق.

– النص المحوري المرجعي.

وقد أطلق الدكتور نبيل علي على هذا النص تسميته النص الفائق، وهو مُسَمَّى صَادَفَ قَبُولاً وتأييداً عند يحيى صالح وعلي حرب، فقد ذكر الدكتور نبيل بأنه «الأسلوب الذي يتيح للقارئ وسائل علمية عديدة لتتبع مسارات العلاقات الداخلية بين ألفاظ النص وفقراته، ويخلصه من قيود خطية النص، حيث يمكنه من التفرع في أي موضوع داخله إلى أي موضع سابق أو لاحق»[35].

بيد أن رؤية الدكتور سعيد يقطين جاءت رافضة لأي تسمية لترجمة المصطلح hypertext مؤكداً تفضيله لتسميته بالمترابط؛ وذلك لأن كل «نص بمثابة وحدة مستقلة عن غيرها، وليس متفرعة أو متشعبة عن أصل معين، وكل وحدة تسمى (عقدة) بغض النظر

عن طبيعتها أو جنسها أو علاقتها بغيرها من الوحدات الأخرى، فعندما تربط بين العقد بواسطة (روابط) تسيير، علينا الانتقال بين هذه العقد فنحن أمام (نص مترابط)»[36]. وتتفق الدكتورة زهور كرام مع الدكتور سعيد يقطين في هذه التسمية، فقد رأت أنه نص مترابط وليس متشعباً، وأن فكرة الترابط هي الأنسب لترجمة Hypertext، وذلك في قولها «نفضل استعمال مصطلح النص المترابط انسجاماً مع شكل إدراكنا لمصطلح Hypertext باعتباره نظاماً يسمح بعملية المرور والتواصل بين المعلومات والنصوص والصور استناداً إلى تاريخ تطور مفهوم النص الأدبي»[37].

بينما أتت رؤية الدكتور محمد مريني مخالفة للرؤية التي تبناها سعيد يقطين فقد رأى أن مصطلح hypertext وتسميته بالنص المترابط لا تكفي لكل السمات التي يحملها هذا المصطلح، ولم يتوقف عند هذا الحد، فقد رفض أيضاً ترجمة مصطلح (النص المتفرع)، معللاً ذلك؛ بأنه مصطلح له استعمالات أشمل وأوسع؛ لذا فإنه يفضل تسميته بالنص التشعبي، حيث إنها تسمية تناسب سمات وخصائص هذا المصطلح، وهو ما نلمحه في قوله: «لعل أقدم الترجمات هي (النص المتشعب)، وقد اخترت استعمال هذه الترجمة لسببين أولهما شيوع هذه الترجمة، فقد تبناها الفريق العربي بمايكروسوفت، ويمكن التأكد من ذلك بتثبيت برنامج الأوفيس بواجهة عربية، حيث نجد خيار إدراج رحلة تشعبية مقابلاً لـ online insert hypertext كما أثير موضوع ترجمة المصطلح من خلال نقاش داخل منتديات الجمعية الدولية للمترجمين واللغويين العرب، وقد اختار أغلب المتدخلين

في الموضوع مصطلح (النص التشعبي) كمقابل hypertext، ثم إن المصطلح المذكور هو المصطلح المستعمل في أغلب المواقع العربية، يتمثل ثانيها في تطابق الدلالات اللغوية لمصطلح Hypertext مع ما ورد في المعاجم العربية عن مادة (شعب)»[38].

وتُرْجِمَ مصطلح (hypertext) إلى أكثر من تسمية، ومن أبرزها مسمى «النص المتفرع» للدكتور حسام الخطيب الذي يقول: «إن ما يميز تلك النصوص هو التفرعات العديدة، واتفقت معه الدكتورة فاطمة البريكي في هذا الأمر، ولم يتوقف الأمر عند هذا الحد، فقد طرح أحمد فضل شبلول ترجمة لمصطلح (hypertext) مطلقاً اسم (النص المحوري المرجعي)»[39]، وهذا الأمر المتعلق بترجمة المصطلح ونقله أدى إلى وجود أكثر من مسمى، فكل ينقل المصطلح حسب ثقافته ورؤيته.

وعــوداً على بدء فإننا إذا دققنا النظر حول مصطلح النص المترابط، نجد أنه عبارة عن النصوص المستخدمة في بنائها الروابط المختلفة، وهذه الروابط متشعبة، كما أنها تحتوي على وسائط رقمية (كالصوت، والحركة، والصورة، وغيرها من الوسائط الأخرى)، وهو ما يمكن توضيحه في الشكل التالي:

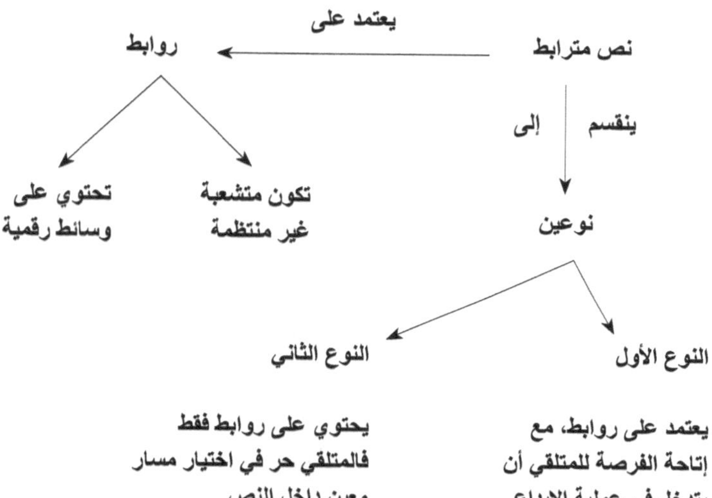

وبذلك نجد أن النوع الأول هو الأقـوى؛ لأنه يتيح للمتلقي أن يكون من ضمن عملية الإبداع داخل النص فيستطيع الحذف والتغيير والإضافة، وبذلك يكون عاملاً فعالاً موازياً لإبداع المبدع.

ثانياً: سمات النص المترابط:

للنص المترابط مجموعة من السمات تجعله متفرداً بين النصوص الرقمية الأخرى، وهذه السمات يمكن توضيحها في الشكل التالي:

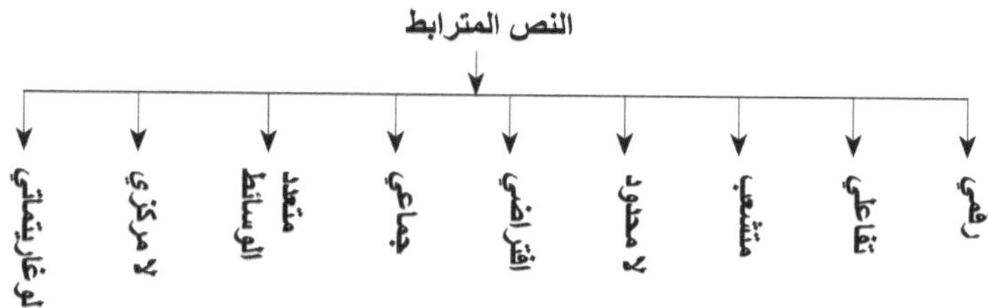

فالنص المترابط هو نص رقمي: لا يمكن كتابته على الورق؛ وذلك لاحتوائه على الوسائط الرقمية كالصورة والصوت والحركة... وغيرها.

والنص المترابط أيضاً نص تفاعلي: لأنه يقوم على فكرة التفاعل، فلا بد أن يفتح مجالاً للمتلقي من حيث المشاركة والتفاعل عبر النص وهي علمية موحدة بين المبدع والمتلقي، والمتلقي والنص، فهو يتفاعل مع المبدع ومع النص.

وهو أيضاً نص يعتمد على الروابط، فالروابط تأتي في صورة نص أو فيديو أو موسيقى، ومن ثم فإن المتلقي يكون له حرية الاختيار فيما يراه مناسباً له، والتشعب هي صفة التعدد في النصوص حتى يتكون من خلالها نص مكتمل.

وهو أيضاً نص لامحدود: فهو نص ليس له بداية أو نهاية، فالمتلقي يستطيع أن يبدأ من النهاية أو المنتصف، والمتلقي أيضاً يستطيع التنقل بين الروابط قد يسمع مقطع فيديو، أو يقرأ نصاً... وهكذا.

وهو نص افتراضي لوغاريتماتي: وذلك لأنه يُقرأ عبر الحاسوب من خلال الصيغة (0، 1) فتكون عملية حاسوبية تعتمد على التشفير، وبرامج برمجة إلكترونية، فتلك الأرقام من خلال البرنامج تترجم إلى وسائط متعددة حسب هيئتها فالنص الرقمي هو نص افتراضي غير محسوس، ولذلك نجد النص المترابط نصاً افتراضياً، وهو أيضاً «النص المتشعب بطابعه الافتراضي، ذلك أن النص الذي نراه على شاشة الحاسوب له طابع خيالي، وهو مخزون في الذاكرة الأصلية للحاسوب بعلامات رقمية» [40].

وهو أيضاً نص يتميز بالطابع الجماعي اللامركزي: وذلك لتعلق النص بدور المتلقي وهو مشارك في الإبداع وتفاعله معه، كما أنه بتفاعله يخرج العديد من النصوص الموازية للنص الواحد الأصلي، وذلك بالإضافة أو التعديل على النص، بالإضافة إلى أن النص يحتاج إلى عدة عوامل حتى يخرج بصورة مكتملة، وتلك الصورة تتسم بالتشاركية والجماعية، وتلك العوامل هي ما يمكن إجمالها فيما يلي:

* أولاً: النص الرقمي.

* ثانياً: مبدع لديه خبرة موسعة، وخاصة فيما يتعلق بالتكنولوجيا.

* ثالثاً: الحاسوب الذي بواسطته تظهر عملية التأليف.

* رابعاً: برامج إلكترونية ذات ذكاء اصطناعي تسهم في إظهار العملية الإبداعية.

* خامساً: متلقٍ دوره موازٍ لدور المبدع الأصلي للنص.

ويمكن تصور ذلك عبر الشكل التالي:

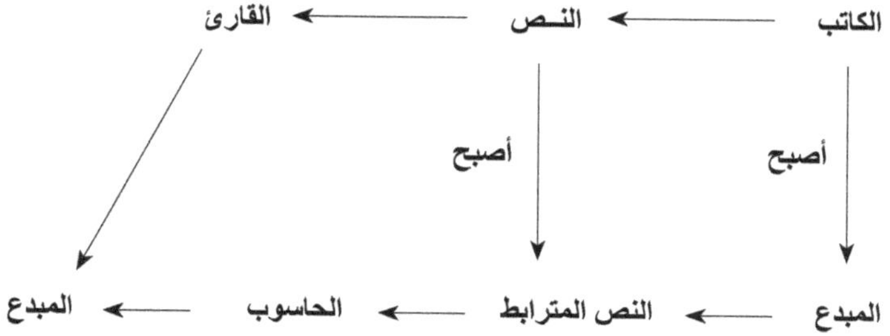

الكاتب ← النــص ← القارئ

أصبح ← أصبح

المبدع ← النص المترابط ← الحاسوب ← المبدع

فالمبدع هنا شَكَّل إبداعه عَبْر استخدامه الحاسوب، فالحاسوب كما ذكر الدكتور سعيد يقطين في كتابه النص المترابط هو: منتوج وأداة الإنتاج، وفضاء الإنتاج وعلاقة إنتاجه، وكل هذه الأبعاد والدلالات التي تحللها مادة (ن. ت. ج)....، وهو أيضاً وفي آن واحد أداة للإنتاج (برنامج) وإنتاجاً يتحقق من خلال النص (أياً كانت علامته: اللغة، الصورة الصوت، الحركة، سواء جاءت هذه العلامات متصلة أو منفصلة).

فكان الحاسوب بمثابة الحياة للنص الرقمي، فمن خلاله ظهر للنور وأصبح له وجود في الحياة، فبدون الحاسوب يظل كالجنين في رحم الأم ينتظر فرصة للولادة والخروج للحياة، وهذا النص أيضاً يحتاج إلى من يقرؤه وإلا سيكون بالمنبوذ في مجتمع القراء.

وتظهر الصورة النهائية للنص الرقمي على هيئة روابط، تلك الروابط تحمل العديد من الوسائط كالصورة، والحركة، والصوت، والأشكال، والرسوم، والكلام المتحرك؛ وهي وسائط أعطت مساحة كبيرة من الحرية عند المتلقي، فمكنته من التنقل بين فقرات النص، فأصبح النص الرقمي نصاً أدبياً وسائطياً تحمل أجناسه أيضاً تلك الوسائط، وأصبحت السبب الرئيس في تغير طبيعة وشكل العمل الأدبي، فحدث خلط بين أجناسه فلا نستطيع تحديدها، هل هي سردية، شعرية، روائية، مسرحية، نثرية... وهكذا.. وهو ما يمكن تصوره عبر الشكل التالي:

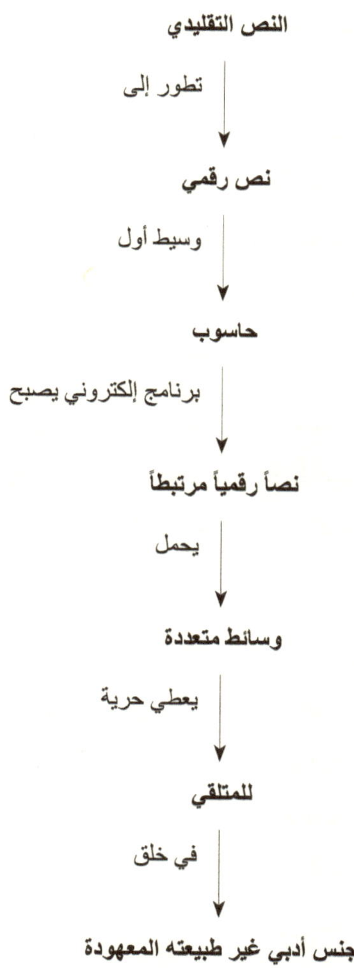

ولعل أبرز ما يتسم به النص المترابط أن المتلقي يستطيع أن
يتفاعل معه بشكل كبير، فهو يستطيع التعديل والتغيير في النص،
والإضافة له أيضاً، وهو ما أُطلِق عليه النص المفرع أو النص

التفاعلي، «ومن ثم يقدم الأدب التفاعلي معايير جمالية جديدة، وخصائص لم تكن متاحة من قبل في النص الورقي كخاصية تعدد المبدع، والتأليف الجماعي للنص الرقمي، وتعدد الروابط التي تؤدي بدورها إلى تعدد النصوص حسب اختيارات المتلقين، بعكس الأدب الورقي الذي تكون البداية موحدة والنهايات محدودة»[41].

ثالثاً: إشكاليات الأدب الرقمي:

الأدب الرقمي هو أدب المستقبل؛ فقد أحدث تحولاً كبيراً في قراءة النص، وذلك باستخدام الوسائط الرقمية؛ فأصبحت نقطة التحول من التتابعية في قراءة النص إلى الاختيارية والتفرد في التصفُّح، وأصبح كل شيء خاضعاً للقارئ أو المتلقي.

وعليه فهناك عدة إشكاليات ظهرت نتيجة وجود الأدب التكنولوجي الوافد، وأولاها (نظرية موت المؤلف) وانتهاء سلطته على النص، وكان أول من طرحها هو رولان بارت في عصرنا الحديث تجاه النصوص الورقية، فالمبدع ينتهي دوره بمجرد الانتهاء من تأليفه للنص، «فالنص نسيج من الاقتباسات والإحالات والأصداء من اللغات الثقافية السابقة أو المعاصرة التي تخترقه بكامله»[42]، ومن هنا تظهر تلك الفكرة التي تلغي هيمنة المبدع الأصلي على النص، وقد تجسدت هذه الفكرة بشكل كبير، وأصبح لها وجود حقيقي مع الأدب التفاعلي، فلا سلطة مطلقة، ولا مركزية مهيمنة.

وأما إشكالية تعدد المفاهيم والمصطلحات كالنص الإلكتروني، النص الرقمي، النص التفاعلي، النص الرقمي نص معاين، والتفاعلي

النصي، فكل هذه المصطلحات وضعت العالم العربي في دائرة مغلقة يتصارع النقاد حول مفهوم كل مصطلح وما يحمله من إمكانيات تتيح له استخدام تكنولوجيا النص من صور وموسيقى ونصوص مترابطة وغيرها من إمكانيات.

وما من شك بأن التكنولوجيا الرقمية وضعت أقدامنا على أول طريق التغيير، وهو التجديد الذي شمل العالم بأكمله، وخاصة في المجال الأدبي، وكيفية الربط بين أصالتنا وموروثاتنا الأدبية ومحاولة الجمع بين الكتابة التقليدية والتفكير الحداثي المواكب للتطور، وهو ما عبر عنه عز الدين المناصرة بقوله: إننا «نعيش مرحلة الدهشة في ظل مرحلة انتقالية يتصارع فيها الورقي مع الإلكتروني، ويتصارع القديم مع الجديد، وبالتالي فإن من خصائص المرحلة الانتقالية العالمية الارتباك والدهشة والقبول والرفض الحاد»(43)، ومعرفة أن الأدب الرقمي هو بداية التَّقَدم، بيد أن الأدباء والمبدعين ينظرون إليه على أنه مجرد أداةٍ تكنولوجية لا تتوافق مع أدواتنا الأدبية غير التكنولوجية ويجب التخلص منها، ولذلك وجب التطلع للتغير، وإعادة بناء المفاهيم، والأفكار، والأسس، والعادات، والتقاليد التي نجدها مستحيلة أو تجعل العملية تسير ببطء شديد، فإذا نظرنا إلى الأدب الرقمي نجده في الأساس ينبني على فكرة التحرر من قيود المجتمع وخاصة في العملية الأدبية، ولكي يكون سمة العصر يجب أن تتخلص العقول الجامدة، وتَقْبَلُ التغيير، ومواكبة التكنولوجيا، ليس بالوقوف أمامه ومحاربته كأنه عدو دخيل سوف يمحو آثار القدماء وزعزعة الأصالة الأدبية من موروثاتنا.

وتأتي إشكالية تقنين دور المبدع في النص، وتقويض سلطته بعد أن كان هو المتكلم والمتحكم الرئيس في العمل الأدبي وتظهر شخصيته من البداية حتى النهاية، وأي محاولة بالتدخل في النص بالتغيير أو إعادة إنتاجه يفقد النص هويته وقيمته، فالمبدع هو الأساس في إعادة بناء النص ووجوده (كما كان يحدث في الحوليات قديماً)، وهذا أحد الأسباب الرئيسة في رفض هذا الأدب؛ لكونه «الأدب العاجز الذي لا يعبر عن إبداعه المبدع، فهو يتكئ على التكنولوجيا لملء ذلك الفراغ، ويلجأ إليه كل من يفتقر للموهبة والحس الإبداعي مجسداً هذا النقص بالارتكاز على الوسائط التكنولوجية مستثمراً لخصائصها» [44]، وهي رؤية لا تتوافق مع متغيرات العصر، فالتحولات التكنولوجية فرضت علينا لوناً جديداً من ألوان التجديد، وهي فكرة الأدب الرقمي، أو ما يطلق عليه برقمنة الأدب، وهو أمر حتمي ولا بد من مسايرته، وأما دعوات الرفض، فهي دعوات قد ألفناها عند كل أمر يتعلق بالتجديد.

ومن أهم الإشكاليات أن الأجيال لم تنل حظاً وافراً من تعلم آليات وتقنيات التكنولوجيا، ولذلك عند ظهور الأدب الرقمي هاجمه الكثير ليس لكونه أو ماهيته، بل لخوفهم من المجهول ـ التكنولوجيا ـ وكيفية استخدامها؛ فعليه يجب إخراج جيل جديد من الكتّاب يستطيع استخدام الحاسوب، ومن خلاله يتمكن من استخدام التقنية الرقمية في إبداع نصوص رقمية جديدة، تؤثر في باقي الكتّاب التقليديين بما لديهم من أسلوب متطور في سرد الأدب بأجناسه؛ ليجعل لديهم الرغبة في إخراج إبداعهم بشكل تقني رقمي.

المبحث الثالث:

الأدب التفاعلي والقصيدة التفاعلية

أولاً: الأدب التفاعلي

ثانياً: أجناس القصيدة الرقمية / التفاعلية

ثالثاً: وسائط القصيدة الرقمية

أولاً: الأدب التفاعلي:

يعتمد الأدب التفاعلي في بنائه على تقنية النص المترابط، التي تتيح قدراً كبيراً من التفاعل تجاه النص، ومن ثمَّ اتّفق النقاد على تسميته بالتفاعلية، وهذه السمة تتمثل في معظم أجزائه الداخلية والخارجية ــ بمعنى ــ أن التفاعل لا يتمثل فقط في ظهور النص المُعْلن المتاح على شاشة الحاسوب، ولا يتمثل أيضاً في وسائطه المتعددة فقط، وليس عنصر التشعب هو الطريق لظهوره وإثباته، فالجمع بين كل هذه العناصر هو ما يحقق ذلك التفاعل، وبذلك يستطيع المتلقي التفاعل مع المحتوى الأدبي، ويصبح متأثراً ومؤثراً فيه، ومن ثم يقول عنه الدكتور عمر زرفاوي: «الأدب التفاعلي قوامهُ التفاعل والترابط، ويستثمر إمكانيات التكنولوجيا الحديثة، ويستغل تقنية النص المترابط Hyper Text، ويوظف مختلف أشكال الوسائط المتعددة Hy per Media ويجمع بين الأدبية والإلكترونية»[45].

على أن السمة الأبرز التي يظهر من خلالها التفاعل بشكل قوي هي سمة التشعب المتحققة من خلال النص المترابط، ذلك أن المتلقي يتتبع عبرها مسارات النص المختلفة ويختار ما يناسبه فيها، وهذه المسارات في الغالب تتضمن مساحات فارغة تتيح للمتلقي أن يكتب

إضافاته على النص كما يريد، «وغياب التشعب لا يلغي كونه رقمياً أو إلكترونياً، وأن الأدب التفاعلي يكتسب صفة التفاعل حتماً، حينما يشارك القارئ، ليس في تذوّقه فحسب، بل في إتاحته المجال لإنتاج شيء منه ونقده»[46]، ومن هنا يظهر الدور الجديد الذي مَنَحَه الأدب التفاعلي للمتلقي، إذ لم يعد حضوره مجرد ترك انطباعات شخصية تجاه النص، بل أصبح مشاركاً في صناعته، ومتقاسماً الإبداع مع المؤلف، وتوضح د. فاطمة البريكي دور المتلقي وأهميته في النص فتقول «لا يكون هذا الأدب تفاعلياً إلا إذا اعطى المتلقي مساحة تعادل أو تزيد عن مساحة المبدع الأصلي للنص»[47]، ومن خلال تلك المقولة نستطيع القول: بأن المتلقي أصبح ذا أهمية من خلال إعادة هيكلته النص بما يتناسب مع وجهة نظره، وبإمكانه التدخل في كتابة النص بالإضافة أو بالتعديل أو بالتغيير.

ومن الطبيعي أن إنتاج النص يختلف من متلقٍ إلى آخر؛ لأن كلاً منهم له فكره، ورؤيته المختلفة، وبذلك لن نستطيع أن نقف على نهاية واحدة للعمل أو المحتوى المعروض، فتكون النهاية مفتوحة للمتلقي والبداية أيضاً، وعليه ينتهي دور المبدع بإعداده للنص الأصلي، وتُترك الخيارات متاحة أمام المتلقي لتشكيل نصٍّ جديدٍ مرتبط بوعيه الخاص، فهو «يختار نقطة انطلاقه في تعامله مع نصه، وبطبيعة الحال فإن تعدد البدايات يؤدي بالضرورة إلى تنوع سيرورة الأحداث»[48]، فالمتلقي يخلق نصاً موازياً للنص الأصلي، أو بالأحرى يستطيع أن يؤلف عدة نصوص أخرى توازي النص الإبداعي الأصلي.

ومن هنا نستطيع أن نقول بأن المتلقي تجاه المحتوى الورقي والنصوص المكتوبة كان متفاعلاً سلبياً، ودوره محدود مقارنةً بالمبدع الأصلي الذي يحاول وضعه وجذبه بين السطور الحاملة للعمل الإبداعي بما تتضمنه من مؤثرات لغوية، وحرفية، وفنية، وأسلوبية.

1 – أركان الأدب التفاعلي:

لقد عزز الأدب التفاعلي من مكانة المتلقي، وجعل له دوراً رئيساً تجاه النص «فهو سيد الموقف، والمبدع لا يملك نصه بعد أن يقذف به إلى المتلقي، فلا يوجد معنى وحيد للنص، إذ يمكن أن يتم تفسيره وتأويله بأوجه مختلفة، بناء على اختلاف شخوص المتلقين، وظروفهم، ومستوياتهم الأكاديمية، والاجتماعية، والاقتصادية، وتوجهاتهم السياسية، والدينية، والثقافية، وحالاتهم النفسية...، وغير ذلك فكل هذا من شأنه أن يؤثر في طبيعة فهم كل متلق للنص ذاته، وبالتالي أصبح للنص الواحد الكثير من التفسيرات والتأويلات، التي لا يهم أيها أقرب إلى ما أراده المبدع»[49]، وبهذا نجد أن عملية التفاعل لا تتوقف عند المبدع، أو النص، بل تعتمد على أركان العملية التواصلية/ التفاعلية بين كل من المبدع، والمتلقي، والنص، وكل ذلك يرتبط بوجود الإنترنت (الواقع الافتراضي) من أجل تنشيط الروابط وتتبع مساراته، وذلك كما في الشكل التالي:

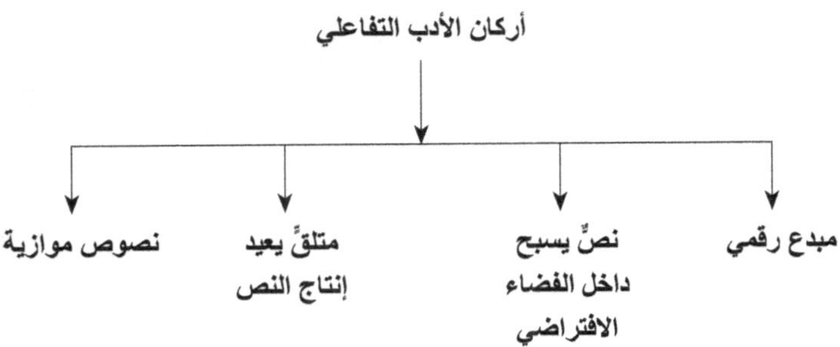

فمن خلال الشكل الماثل أمامنا نجد أن عملية الإبداع في النصوص الرقمية لا تتوقف عند مرحلة واحدة، أو مبدعٍ واحد، وإنما يجب أن يكون هناك مبدعٌ تخلى عن سلطته الإبداعية التي كان يمتلكها من قبل تجاه النص الورقي، واقتنع بأن ذلك النوع الجديد من الأدب لا يعترف بالسلطة المطلقة، يتأتى ذلك مع وجود متلقٍ واعٍ لديه نظرة إبداعية للنص، ومقدرة على إخراج نصوص أخرى موازية للنص الإبداعي الأصلي، وعليه فإن خاصية التفاعلية تؤلف «بين عناصر العملية الإبداعية النص، الكاتب، المتلقي، بوصفها مفهوماً مغايراً لما سبق من أشكال إنتاجية وترويجية للعمل في آن واحد، وهذه الخاصية تفردت لها التقنية الرقمية، نظراً لما أتاحته من إمكانيات تقنية فائقة»[50].

ونود أن نشير إلى أن سمة التفاعلية لم تظهر بظهور النص الرقمي فقط، ولكنها سمة ارتبطت بالنص الأدبي الورقي منذ نشأته، ولكن لم يكن التفاعل قوياً أو ملموساً كما نراه تجاه النصوص الرقمية، فالتفاعلية «صفة ملازمة له عبر تاريخه الطويل؛ لأنه لا يكتسب وجوده إلا بتفاعل المتلقي معه، هؤلاء تختلف طرقهم التفاعلية تبعاً

لظروفهم وعاداتهم ونفسياتهم، هذا يعني أن اقتران الأدب بالتكنولوجيا لم يكسبه صفة (التفاعلية)، وإنما اكتسبت هذه الأخيرة حالة جديدة مع الأدب المقدم من خلال شبكة الإنترنت»،[51] واستطاعت أن تحقق أعلى درجاتها «فالنصوص الورقية تحمل درجةً ما من درجات التفاعلية، مع اقتصار نمط التفاعل على الانفعال بها غالباً، أو التعليق عليها بصفتها منجزات تامة»[52].

2 – سمات الأدب التفاعلي:

يتسم الأدب التفاعلي ببعض السمات التي تجعله مغايراً ومنفرداً عن غيره من أنواع الأدب الأخرى التي ظهرت مرتبطة بالوسيط الرقمي، وقد أوردت د. فاطمة البريكي في كتابها (مدخل إلى الأدب التفاعلي) عدداً كبيراً من هذه السمات، وكانت نظرتها لهذا النوع من الأدب بأنه مغاير للأدب التقليدي ويختلف في تفاعليته عن الأدب الورقي، فأي نص ينتمي إلى الأدب التفاعلي يعد نصاً غير تقليدي، ومن هذه السمات ما يلي[53]:

1 – يقدم الأدب التفاعلي نصاً مفتوحاً، نصاً بلا حدود، إذ يمكن أن ينشئ المبدع، أياً كان نوع إبداعه نصاً، ويلقي به في أحد المواقع على الشبكة، ويترك للقراء والمستخدمين حرية إكمال النص كما يشاؤون.

2 – يمنح الأدب التفاعلي المتلقي/ المستخدم فرصة الإحساس بأنه مالك كل ما يقدم على الشبكة، أي أنه يعلي من شأن المتلقي، الذي أهمل لسنين طويلة من قبل النقاد والمهتمين بالنص الأدبي، والذين اهتموا أولاً بالمبدع ثم بالنص، والتفتوا أخيراً إلى المتلقي.

3 – البدايات غير محدودة في بعض نصوص الأدب التفاعلي؛ إذ يمكن للمتلقي أن يختار نقطة البدء التي يرغب بأن يبدأ دخول عالم النص من خلالها، ويكون هذا باختيار المبدع الذي ينشئ النص أولاً، إذ يبني نصه على أساس ألا يكون له بداية واحدة، والاختلاف في اختيار البدايات من متلقٍ لآخر يجب أن يؤدي إلى اختلاف في سيرورة الأحداث.

4 – لا يعترف الأدب التفاعلي بالمبدع الوحيد للنص، وهذا مترتب على أن جميع المتلقين والمستخدمين للنص التفاعلي مشاركين فيه، ومالكين لحق الإضافة والتعديل في النص الأصلي.

5 – في الأدب التفاعلي تتعدد صور التفاعل، بسبب تتعدد الصور التي يقدم بها النص الأدبي نفسه إلى المتلقي/ المستخدم.

6 – يتيح الأدب التفاعلي للمتلقين/ المستخدمين فرصة الحوار الحي والمباشر، وذلك من خلال المواقع ذاتها التي تقدم النص التفاعلي روايةً كانت أو قصيدة، أو مسرحية، إذ بإمكان هؤلاء المتلقين/ المستخدمين أن يتناقشوا حول النص، وحول التطورات التي حدثت في قراءة كل منهم له، والتي تختلف غالباً عن قراءة الآخرين.

7 – إن جميع المزايا السابقة تتضافر لتنتج هذه الميزة، وهي أن درجة التفاعلية في الأدب التفاعلي تزيد كثيراً عنها في الأدب التقليدي المقدم على الوسيط الورقي.

8 – النهايات غير موحدة في معظم نصوص الأدب التفاعلي،

فتعدد المسارات يعني تعدد الخيارات المتاحة أمام المتلقي/ المستخدم، وهذا يؤدي إلى أن يسير كل منهم في اتجاه يختلف عن الاتجاه الذي يسير فيه الآخر.

وعليه فإن ملاحظات فاطمة البريكي أجمعت على أن الأدب التفاعلي أدب ليس له حدود، والمبدع فيه ليس مبدع النص الأصلي فقط، بل المتلقي أيضاً، وذلك من خلال صفة التفاعلية، والتفاعلية تختلف في النص الرقمي والنص التفاعلي، ففي النص الرقمي تكون مع النص فقط، وتكون التفاعلية هنا سلبية لا تمنحه التعديل والإضافة والتغير، وأما النص التفاعلي فالتفاعلية غير محدودة وتمنح المتلقي كافة الوسائل والوسائط في التفاعل مع النص من خلال المضمون، ومن خلال الوسائط الرقمية المحمولة داخل النص، فالنص التفاعلي يعتمد على الحاسوب وتقنياته الرقمية، وكل ذلك يسمح للقارئ بالتحكم في النص ويكون هو المبدع الجديد، وذلك لتحكمه بمجرياته من حيث الحذف والإضافة والتعديل.... وغيره، فيحمل النص نظرة المبدع وأسلوبه ويكون تعامله «من خلال برمجيات خاصة، وبطرق متعددة، مما ينعكس على تلقيه من زوايا مختلفة، وإدراكه بإمكانات أغنى. هكذا يمكن التعامل مع النص أو مع بعض عناصره بتقنيات برمجية مختلفة؛ مثل: التكبير، والتصغير، والتلوين، والتسطير، والحذف، والإضافة، والتصحيح الإملائي، وتبديل المقاطع، وإدماج الصور والجداول، والأصوات، والموسيقى، والصور الثابتة والمتحركة مع التمثيلات اللغوية، وإمكانية التحكم بالتغيير والتعديل الجزئي والكامل فيها»[54].

ويمكن اعتبار التفاعلية التي ينشدها النقاد داخل النص الرقمي متنوعة وتحمل درجات متباينة، ذلك أنها تختلف في حالة تتبع مسارات النص عن الحالة التي يتدخل فيها المتلقي بالكتابة والتعليق، لأن التفاعلية «لا تحصل لمجرد تجاوب القارئ مع مسارات قرائية معينة، ولكن من خلال المسارات والتجاوبات مع متطلبات الحاسوب يمكنه أن يحدث تغييرات نصية، كما يمكنه تعديل سيرورة النصوص ومحتواها»[55].

ويمكن تمثيل عملية التفاعل تجاه النص المترابط عبر الشكل التالي:

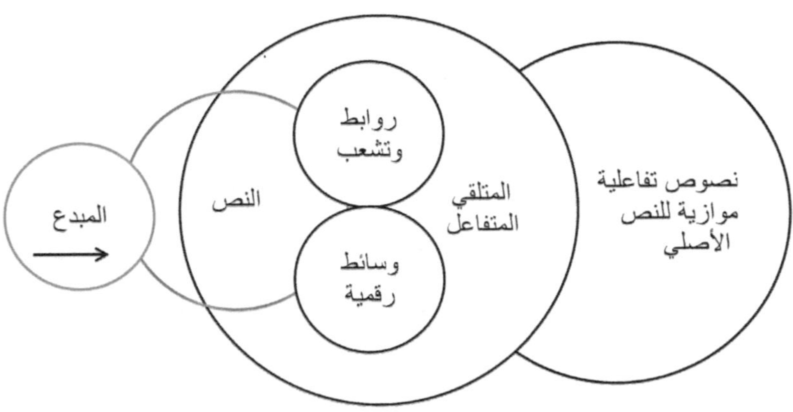

ومن خلال ما تم عرضه نستطيع القول بأن المتلقي هو المرجعية الأساسية في العملية التفاعلية، فتبدأ من مبدع يخرج نصاً إبداعياً، هذا النص تنقطع علاقته به بمجرد إنتاجه أو إلقائه إلى المتلقي، ويحمل

هذا النص برنامجاً به وسائط رقمية وروابط رقمية متشعبة، فيقوم المتلقي بالتفاعل والتعامل مع تلك الروابط والوسائط الرقمية ليخرج نصوصاً جديدة إبداعية منتجة تحمل رؤى مستقبلية مخالفة لرؤية المبدع الأصلي للنص، وعليه فإن التفاعلية «لا تتمثل في عملية التلقي الأولية التي يلتقي فيها المتلقي بالنص الأدبي التفاعلي، بل هي تلك الجولات الاستكشافية التي يقوم بها القارئ، ليلم بالنص الإبداعي من جوانبه المختلفة، ليكون في النهاية قادراً على إضافة ما يراه مناسباً على النص الأصلي»[56].

ونلحظ أن عملية التفاعل لا تتم في النصوص الرقمية بطريقة واحدة، أو على عنصر محدد من عناصر العملية التفاعلية دون غيره، ولكن يمكننا التوقف عند أشكال وطرائق عدة من التفاعل، منها ما يقع بين المبدع والنص، وما يقع بين النص والمتلقي، وكذلك المبدع والمتلقي، وأيضاً المتلقي وغيره من جمهور المتلقين وإن كانوا افتراضيين، حيث يظهر تفاعلهم معه عن طريق تعليقاتهم التي يتركونها داخل ذلك الواقع الافتراضي حول النص، ومن ثم «تظهر التفاعلية بشكل كبير لدى المتلقي في تعامله مع مثل هذه النصوص، وكذلك فيما تحققه الروابط التشعبية فيما بينها، فإننا لا نستطيع أن نغفل ذلك التفاعل الذي ينشأ بين مبدع النص وجهاز الحاسوب أثناء تأليفه للنص، وهو أيضاً من أنواع التفاعل التي تجعل الكاتب عن معرفة ودراية بأنماط التكنولوجيا المختلفة، وتجعله يختار من بينها ما يراه مناسباً ومتوافقاً مع نصه الذي يريد تقديمه»[57].

ثانياً: أجناس القصيدة الرقمية / التفاعلية :

(الجنس) في التعريف الأدبي هو من أكثر الألفاظ تعقيداً واستعصاءً على فكرة التعريف ذاتها، فالقارئ يتوقع جنس العمل الذي يقرؤه، سواء أكان شعراً، نثراً، روايةً، مسرحيةً، وأطروحةً، فكل عمل له شكله الخاص، ومضمونه، وأسلوبه، وسرده، ولكن في العمل الأدبي خاصة لا تستطيع أحياناً معرفة جنس الكلام، وإلى أي نوع ينتسب، مثل الرحلة والمذكرات فكلتاهما يصف فيها الكاتب طريق حياته، ويزداد الأمر تعقيداً مع الأدب الرقمي الذي يحمل في طياته ألواناً متعددة من الفنون، والعلوم، والمعارف، هذا بالإضافة إلى سلطة المتلقي المطلقة، وحريته التامة في تحديد جنس ذلك النوع الجديد، ومن هنا نتطرق إلى قول محمد الزكراوي الذي يقول عنه: إن الجنس «إنما فضيلته في أنه من الوسائل العملية التطبيقية التي يمكن اعتمادها من فهم الأدب، في التوطئة لتأويل الأعمال الأدبية، وفي إدراك الروابط التي تصل الأعمال بعضَها ببعض، والوقوع على الثوابت والفروق عبر العصور»[58]، ومن ثم كان الأدب الرقمي لا سيما التفاعلي من أصعب الأنواع الأدبية في تحديد أجناسها المختلفة، فالرواية التفاعلية على سبيل المثال تضم بين جنباتها الشعر، والموسيقى، والغناء، والمقاطع الصوتية، والرسومات، والعديد من الأشكال التي تجعلها غير قابلة للتحديد المطلق من ناحية أجناسيتها.

وعليه ظهرت أشكال من أجناس الأدب الرقمي منها (الشعر الرقمي، الرواية الرقمية، المسرحية الرقمية، الرواية التفاعلية، الرواية الافتراضية، الرواية الترابطية، الرواية الواقعية الرقمية،

القصيدة التفاعلية، القصيدة البصرية، الشعر البصري، الشعر الفردي، الشعر الجمعي،... وأجناس أخرى حديثة).

وقد تعددت أجناس الأدب الرقمي وتنوعت تبعاً لطبيعة الوسيط الرقمي الحامل لها، فمنها ما يمكن أن نطلق عليه «رقمي»، ومنها ما يمكن أن نطلق عليه «رقمي/ تفاعلي»، ومن ثم ظهرت لنا القصيدة الرقمية التفاعلية، والسرد الرقمي التفاعلي، وكذلك المسرح التفاعلي، وهذه الأجناس تتداخل وتتشابك فيما بينها نظراً لاتفاقها في الوسائط المتعددة التي تجعلها مزيجاً بين الشعر والسرد والفنون الأخرى، حتى إننا في بعض الأحيان لا نستطيع أن نقرر بحدود جنس معين بعيداً عن الأجناس الأخرى، ولذلك نجد الدكتورة فاطمة البريكي تتحدث عن شمولية الجنس الأدبي في ظل الرقمنة، إذ ترى أن الأدب الرقمي «مصطلح فضفاض يضم عدداً من الأجناس الأدبية التي تختلف فيما بينها اختلافاً كلياً ولا تكاد تتفق إلا في كونها لا تتجلى لمتلقيها إلا إلكترونياً، وهذا يعني بالضرورة أن مبدعها لا ينتجها إلا إلكترونياً أيضاً، مما يترتب عليه أن يصبح المبدع متمكناً من استخدام الحاسوب بمهارة وفهم، حتى يتمكن من صياغة إبداعه دون أن يشعر بحواجز نفسية على الأقل بينه وبين الوسيط الذي ينقل عبره إبداعه إلى المتلقي»[59]، وإذا كان هذا الأدب يتجلى عبر الحاسوب وتدخل فيه الوسائط المتعددة، فبالأحرى نجد أن أجناسه متداخلة متشابكة.

وإذا أردنا أن نتحدث عن الشعر الرقمي ورصد بداياته وأشكاله التي ظهرت حتى الآن على الساحة الأدبية، فيعد هذا الجنس الأدبي صورة من صور التطور الذي نتج عن التزاوج بين الأدب

والتكنولوجيا، وعلى غراره ظهرت أجناس عديدة سايرت هذا التطور؛ وظهر من خلالها روح التجديد الرقمي في العمل الأدبي في أثناء التطور التكنولوجي، وأصبحت هذه الأجناس تعتمد في ظهورها على شبكة الإنترنت وقراءتها عبر الحاسوب.

ونجد أن هناك مقدمات أسست لظهور هذا النوع – الشعر الرقمي – لعل بعضها لم يكن رقمياً، ولكنه في الوقت نفسه يعد المنطلق الذي بنيت عليه فكرة القصيدة الرقمية وتشكيلها فظهر ما يُعرَف بالقصيدة السلسلة(60)، والتي جاءت على يد الشاعر الأمريكي تشارلز فورد عام 1940م، فقد وجه دعوة لشعراء مختلفين في أماكن متفرقة لإنتاج ما يسمى (الأدب الجمعي) وهو عبارة عن أدب فني كقصيدة جماعية يشترك في تأليفها العديد من الشعراء، وهو ما يتم تنفيذه وكتابته عن طريق المراسلة البريدية، وقد كان ذلك يتم ورقياً وليس إلكترونياً، ولكن تجلت فيها فكرة التشاركية والجماعية، والتي ستمثل أهم الركائز التي تقوم عليها القصيدة الرقمية فيما بعد، وقد توالت الإبداعات لنسمع فيما بعد عن القصيدة السمعية عام 1953م(61) في أوروبا، وتعد هذه القصائد أول حركة شعرية أدبية في الغرب تستعمل الأدوات التكنولوجية في إنتاج النصوص الأدبية، وذلك عن طريق الراديو.

ومع تطور التكنولوجيا وتطور صناعة الحاسوب ووسائله وتقنياته، ظهر ما يسمى بالقصيدة الإلكترونية التي تعد أقدم أنواع القصائد الرقمية التي ظهرت في أوروبا، ثم ظهرت القصيدة الرقمية، وبعدها القصيدة التفاعلية أو قصيدة الـ(hypertext)، أو ما عرف

بالنص المترابط أو النص المتشعب، ويمكن رصد أبرز أشكال القصيدة الرقمية على النحو التالي:

1 – القصيدة الإلكترونية:

هي قصيدة نستطيع قراءتها عبر الحاسوب، وهي تحمل سمة السطرية، وتكون عبارة عن «نص إلكتروني يمثل المرحلة البدائية لاحتضان الحاسب الآلي للنصوص الإبداعية»[62]، ونجد هذه القصائد لم تستفد من التقنيات التكنولوجية بالقدر الكبير في استخدام الوسائط المتعددة، بل هي قصائد حَمَلَت شكلاً من أشكال الرقمية ذلك لقراءتها على الحاسوب فقط، كما أنها تتبع نفس نمط القراءة الورقية فلا تستطيع التعديل عليها، أو الإضافة إليها، أو الحذف منها، وبذلك هي لا تختلف عن العمل الورقي من حيث قراءة النصوص.

2 – القصيدة الرقمية:

تعد القصيدة الرقمية هي المرحلة الثانية في مرحلة تزاوج النصوص بالتكنولوجيا، وهذه النصوص اعتمدت في تكوينها على التقنيات الرقمية من الوسائط المتعددة كالكلمات، والصور، والأصوات... وغيرها، ونستطيع القول بأنها وظّفت كل ما أتاحته لها التكنولوجيا من تقنيات، وما تشتمل عليه من عناصر (صوتية، وسمعية، وصوتية، وبصرية)، ولكنها فقدت خاصية التفاعلية والتي تحققها خاصية الترابط والتشعب، والتي من خلالها يحصل المتلقي على مساحات يتفاعل عن طريقها مع النص، ويشارك في عملية

الإبداع، ومن ثم نجد القصائد الرقمية تتبع تقنيات رقمية نستطيع قراءتها من خلال الحاسوب بدون التغيير فيها، ومن ثم لا يمكن طباعة هذه القصائد على الورق.

3 – القصيدة البصرية:

نجد أن القصيدة البصرية تعتمد في بنائها وتشكيلها على الوسائط المتعددة، وكيفية توظيفها داخل النص، ومن خلالها نستطيع توظيف الكلمة مع الصورة أو الفيديو، ولذلك يتمكن المبدع من جذب نظر المتلقي باستخدام تقنية الوسيط البصري في توجيه الكلمات داخل النص، مع تأثير ذلك الوسيط، وهذا ما أوضحته الدكتورة عايدة نصر الله، والدكتورة إيمان يونس:«وهكذا أصبح بإمكان الشاعر بث الروح في الحرف الخامل عن طريق برنامج أنظمة الحركة، والفلاش، والتي تدفع بالكلمات والعلامات التصويرية المختلفة إلى التجوال الثلاثي الأبعاد بعيداً عن الصورة الصنمية»[63]، وهذا ما نجده في قصائد (منعم الأزرق) في مدونته على وسائل التواصل (الإنترنت).

4 – القصيدة الرقمية/ التفاعلية:

تتجسد هذه القصائد عبر الفضاء الافتراضي، وتعتمد على تقنية النص المترابط، وتشتمل في تكوينها على الوسائط المتعددة من كلمات، وصور، وحركة، وموسيقى، وفيديوهات، فتعبر هذه القصائد عن مرحلة متطورة من الرقمية، كما أن لفظة تفاعلية هي ليست «مصطلحاً أدبياً، أو إنترنتياً، أو تكنولوجياً وحسب، ولا يجب أن

تؤخذ دلالة اللفظة على هذا الوجه فقط، بل يجب أن نتعامل معها على أنها نمط حياة، ووسيلة للتعامل مع الأمور المختلفة التي تمر على الفرد بصورة يومية، فمن كان شأنه التفاعل مع كل تفاصيل حياته لا بد أن يتفاعل على نحو لا إرادي مع ما يقدَّم له من نصوص أدبية أو غيرها»[64]، وبذلك فإن التفاعلية يمكن من خلالها «الاشتباك مع نصها بفعل،... ومراسلة مؤلفها، وكتابة مقال عنها، وسوى ذلك من أفعال تقع خارج النص، الفعل مع النص يفترض عدم اكتماله، لذلك يصبح التعريف كما يلي: قصيدة قيد التشكيل يمكن الاشتباك مع نصها بفعل»[65]، ومن ثم سمحت للمتلقي أن يتفاعل مع النص تفاعلاً كبيراً، وذلك باختياره المسار الذي يريده داخل النص، والتنقل فيه كما يحب، ومن ثم فهي «تتيح لمتلقيها المختلفين أن يكتبوها في كل قراءة بشكل مختلف، رأسياً على مستوى القراءات المتعددة للشخص الواحد،... وأفقياً على مستوى القراءات المختلفة للمتلقين المختلفين، والتي لا بدّ أن تختلف باختلاف الظروف الخاصة بكل متلقٍّ على حدة»[66]، وهو يعطي للمتلقي الحرية في قراءة النص فقد يبدأ من البداية أو النهاية كيفما يشاء.

ويعتمد المبدع في هذه القصائد على تقنية الروابط والتشعب، ويأتي معنى التفاعلية هنا أن المتلقي يتفاعل مع النص عن طريق الحاسوب، ويتيح له الانفتاح على النص، والمشاركة في عملية الإبداع بالتأليف، أو التعديل، أو بالحذف، وهو بذلك ينتج نصوص تفاعلية مغايرة للنص الأصلي، كما أن القصائد التفاعلية قصائد تبحر في الفضاء الافتراضي، ونغوص معها عن طريق روابطها وتشعباتها، وترتبط التفاعلية الرقمية هنا بالمتلقي فيكون التفاعل بين

المتلقي والنص مباشراً، وذلك عن طريق استثمار «إمكانات البرامج الرقمية من روابط وصور ثنائية وثلاثية الأبعاد، وعقد، وأزرار مختلفة الملامح تجعل من النص الأدبي الرقمي جسداً متشعباً متمرداً على كل الأنماط الخطية التقليدية، بمعنى لم تعد للنص بداية ونهاية، بل هناك مفاصل مفاتيح متعددة لولوج فضاءات مفتوحة، فهو يقرأ، ويسمع، ويشاهد، ويمتزج فيه مختلف الأشكال التعبيرية»[67]، فأصبح التفاعل سمة النصوص الرقمية المرتبطة بتقنية الهايبرتكست، «فالعمل التفاعلي بطرائق تقديمه المختلفة للقارئ ليس نصاً مكتملاً، بل إن كل قارئ يحاول أن يكمله بطريقته الخاصة، ويتحكم في ذلك عوامل كثيرة، منها: رؤيته الفكرية للقضية التي يدور حولها العمل، ومزاجه الشخصي، وتعاطفه مع الشخصيات. أما النصوص التي تقدم نهايات مختلفة بناء على اختيار القارئ، فهي أيضاً غير مكتملة بالمعنى الحرفي لكلمة الاكتمال؛ لأن النهاية تنتظر من القارئ أن يحددها»[68]، وبذلك أصبح المتلقي مشاركاً في عملية إنتاج نص موازي للنص الأصلي.

وعليه يجب على المتلقي أن يقوم بأربع وظائف كما ذكرها كوسيكما، كما تذكر الدكتورة عايدة نصر الله، والبريكي... وغيرهما[69] حتى تحقق صفة التفاعل مع النصوص، وذلك على النحو التالي:

*** أولاً: التأويل:**

يقوم المتلقي بتأويل النص بعدة قراءات، وهي مثلها مثل النصوص الورقية تحمل أكثر من تأويل.

*** ثانياً: الإبحار:**

والإبحار معناه أن يقوم المتلقي باختيار المسار الذي يريده داخل النص للبحث عن معلومة يريدها، وذلك من خلال الروابط وتشعباتها، ويقول الدكتور سعيد يقطين إن «الانتقال من عقدة إلى أخرى بواسطة النقر، بواسطة الفأرة على الروابط لغاية محددة تتمثل في البحث عن المعلومات ومراكمتها، وتجميعها لهدف خاص، ويعطي للمبحر بحثاً عن معلومات محددة وخاصة»[70]، وبذلك أعطاه الحرية في التنقل بين الروابط للحصول على ما يريده من معلومات لكشف خبايا النص.

*** ثالثاً: التشكيل:**

وفي هذه الوظيفة يستطيع المتلقي أن يضيف على النص، وذلك من خلال رؤيته، فيخرج إضافة مختلفة ومغايرة لما يطرحها المبدع الأصلي، وبذلك يصبح مشاركاً ومنتجاً في النص.

*** رابعاً: الكتابة:**

يقوم المتلقي بإضافة رأيه في النص داخل المتن الأصلي، وهذا ما نسميه تفاعلاً، فيقول كوسيكما إن «النص المترابط يجعل من القارئ كاتباً أيضاً، وذلك حين يدعوه لكتابة جزء إضافي إلى النص الأصلي»، وتسمح له تقنيات البرمجة بالدخول إلى النص، والتغيير فيه، وإعادة هيكلته وفقاً لرؤيته.

ويعد الشاعر العراقي مشتاق عباس معن أول من أصدر قصيدة تفاعلية رقمية الموسومة بـ«تباريح رقمية لسيرة بعضها أزرق»

في عام 2006م، وهي أول قصيدة تفاعلية نتجت من تلاحم الأدب مع تطـور التكنولوجـيا بتقنياتها المختلفة وسـوف نقـوم بالحـديث عنـها وتحليلها.

5 – القصيدة الوسائطية:

هي قصيدة تجمع بين الإبداع النصي والتقني، وذلك باستخدام الوسائط المتعددة داخل النص، فيقوم المبدع والمبرمج «بإحالة الكلمة على علم الوسائط، ومن خلالها نستطيع استخدام ثلاثة عشر مستوى يطبق داخـل النص وهي: التوريق، والتشذير الشكليّ، والفنيّ، والجماليّ، والموضوعاتيّ، والتقنيّ، والوسائط، والمرجعيّ، والتفاعليّ، واللوغاريتميّ، والترابطيّ، والوظيفيّ، والتحريك، والتناص»[71]، ولم يتوقف التلقي فقط عند الكلمة، فتعدى ذلك بتوظيف وسائط متعددة تخدم النص من صوت، وحركة، وصورة، وفيديو، وموسيقى،... وغيرها، وبالرغم من اعتمادها على تقنية النص المترابط، إلا أن ذلك يأتي بشكل قليل جداً مقارنة بالوسائط وتعدديتها، ولذلك سميت بالقصيدة الوسائطية.

6 – القصيدة الفيسبوكية:

هي نوع جديد من القصائد ظهرت من خلال الفضاء الافتراضي على الحاسوب، كما أننا لا نستطيع نقلها على الورق، وهي تنشر على منصة الفيسبوك، ومن خلال هذا الفضاء التواصلي يسمح للقراء أو المتابعين بأن يتفاعلوا معه، ومن هنا أصبحت منصات الفيسبوك تحل

محل دور النشر الورقي، فالشاعر ارتمى في أحضان التكنولوجيا عبر وسائل الاتصال معبراً عن نفسه، وما يجول فيها، تاركاً وراءه مادة نصية لمتابعيه يتواصلون معه من خلالها، فأصبحت بينهم علاقة تفاعلية، ومن ثم يستطيع المتابع أن يقول رأيه في شعره، أو يزيد عليه، أو يعيد إنتاجه بالتعليق، أو الإضافة، أو المشاركة في اتخاذ الآراء مع بقية المتابعين.

ثالثاً: وسائط القصيدة الرقمية:

لقد مر النص الشعري بأكثر من مرحلة، كما ذكرنا من قبل، فبدأ النص بالرواية الشفهية وتم تناقله من راوٍ إلى آخر حتى جاء الإسلام، وتم المزج بين الشفاهية والكتابية، وفي أثناء تلك المرحلة بلغ العرب ذروة التقدم في المجال الشعري، وخاصة بعد ظهور آلة الطباعة، فجعل الكلام بين دفتي الكِتابِ، ووضع الخيال المتلقي في أطر محدودة وجعلته يتعايش مع شخص افتراضي يتم وصفه من قبل المبدع، حتى ظهرت العولمة وانفتح العالم وظهر الإنترنت؛ فأتيحت إمكانيات هائلة أمام الشعراء تمثلت في ابتكار قصائد بأشكال حديثة مغايرة للقديم، واستطاعت القصيدة – بفضل التكنولوجيا – أن تحوي عدداً كبيراً من الوسائط الرقمية التي بفضلها يكون المتلقي على قدر كبير من التفاعل تجاه النص، كما أصبح النص الأدبي يُحْمَل ويُقَدَّم عن طريق وسائط رقمية متنوعة لعل من أبرزها:

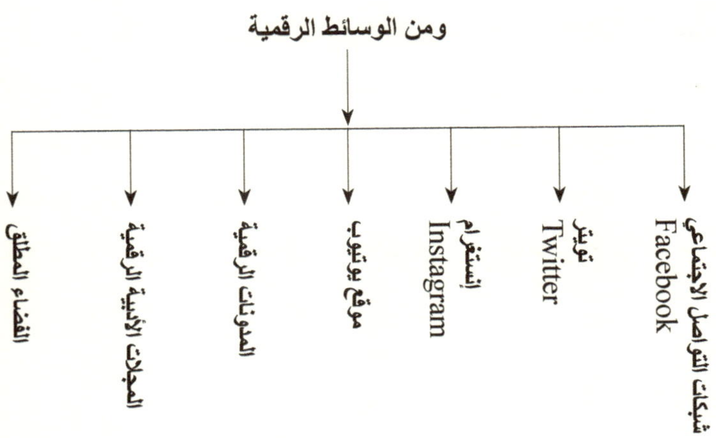

1 – قصيدة (شبكات التواصل الاجتماعي) فيسبوك Facebook:

استطاع الشاعر (المبدع) من خلال موقع الفيسبوك أن ينشر على حسابه الخاص نصوصه، ومكّنت هذه المسألة المتلقي من التأثير والتأثر بتلك النصوص والتفاعل معها، وأتاحت له خاصية الإضافة أو الاعتراض على جزئية ما في القصيدة، ويكون التواصل مع الشاعر عن طريق التحدث إليه مباشرة عبر الرسائل الشخصية أو على الصفحة الشخصية (العامة) من خلال كتابة تعليق (كومنت comment+).

فالشاعر هنا ينشئ صفحته الخاصة على وسائل التواصل الاجتماعي[72] وينشر فيها أشعاره، ويتفاعل معها آلاف الأشخاص في مختلف بقاع الأرض بدون تعب، فبمجرد الدخول على موقعه الإلكتروني (صفحته على الفيسبوك) يقوم المتلقي بالرد عليه عن طريق التعليق (comment) على (بوست post) منشور للشاعر،

ومن مميزات نصوص الفيسبوك قدرة المتلقي واستطاعته على محاورة الكاتب أو الشاعر بضغط زر إعجاب أو حب أو غضب أو ضحك، والمتلقي يستطيع التفاعل بالكتابة أيضاً «أسفل المنشور والتعليق عليه أما بالإيجاب أو السلب».

أمامنا صفحة على موقع الفيسبوك باسم الشاعر كريم العراقي ويتابعها أكثر من ثمانمائة ألف شخص، جميعهم يستطيعون التواصل معه ومتابعة الشاعر في جميع أنحاء العالم، وبالنظر إلى القصيدة نجدها مصحوبة بفيديو يقوم الشاعر فيها بإلقاء قصيدته وهي (يا أمي يا أم الوفا) ومن خلاله يمكن للمتلقي التفاعل مع المنشور الشعري، سواء بالتعليق أسفل المنشور، أو بإعادة نشر المنشور على صفحته والتعليق عليه، أو بنشرها على المجموعات الخاصة به أو هو عضو فيها، وبذلك يتمكن المتفاعلون جميعاً من المشاركة بالآراء والتعليقات، سواء أكان هذا التعليق بالمدح أو العكس.

2 – قصيدة تويتر Twitter:

النص الرقمي في تويتر الشهير بأيقونة (العصفورة الزرقاء) هو

نص مقيد بعدد محدد من الحروف، فقديماً كانت التغريدة تحتوي على مائة وأربعين حرفاً، وبعدها جاء التحديث بزيادة عدد الحروف إلى مائتين وثمانين حرفاً، والمعروف أن نص تويتر لا يقبل المقالات الطويلة، فهو يكون عبارة عن جملة أو أكثر فقط، وتكون التدوينة محدودة مقارنة بفيسبوك.

فالتدوينة عبارة عن بيتين شعر فقط لا غير، وليست قصيدة كاملة، ويمكن إرفاقها بصورة، كالحساب باسم (الشعر العربي) هذا الحساب يعرض كل يوم تغريدات لأجمل أبيات الشعر العربي، فنجد تغريدة بها بيت شعري أو أكثر بلا صورة، وكثيراً ما تأتي الأبيات مع صورة، كالصورة التي أمامنا بها بيت شعري للشافعي فنجد من يقوم بإعادة تغريدها مع كتابة تعليق عليها ومنهم من يعجب بها... وهكذا، وهو ما يوضحه الشكل التالي:

وتغريدات تويتر بعد أن كانت مقتصرة على الكلمات أصبحت تضم الفيديوهات والصور، وبذلك أصبحت الحدود تتلاشى بين مواقع التواصل الاجتماعي وتزداد المنافسة بينها.

3 – قصيدة إنستجرام Instagram:

وأما نص الإنستجرام فيعتمد على الصور فقط، تلك الصور قد تكون شخصية، أو تجارية، أو شعرية، أو نثرية على حسب الاستخدام، ويقف ذلك البرنامج عائقاً أمام النص الأدبي فيستطيع الشاعر نشر عمله أو إبداعه على الصور المنشورة، وقد يكتب العمل الإبداعي أسفل صورة، كأنه يسقط الإبداع على الصورة، ويُمكّن المتلقي بالتفاعل مع المنشور من خلال التعليق بضغط رز أعجبني أو التعليق على الصورة أسفل المنشور، ويمكّنه أيضاً بالتواصل مع الناشر عن طريق رسالة مباشرة، وخلالها يستطيع عرض رأيه ونظرته على الكلام المنشور.

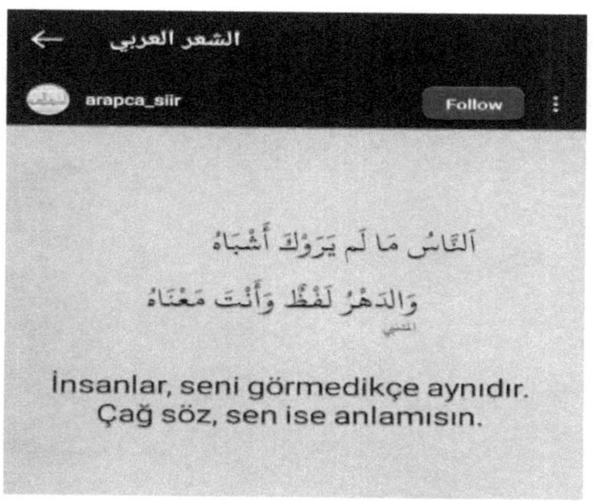

ففي الصورة نجد بيتاً شعرياً شهيراً للمتنبي، وفي هذه الصورة استخدم شفرة الخط في جذب نظر المتلقي أو المشاهدة للمنشور، وخاصة أنه استخدم الترجمة كوسيلة لجذب انتباه المتلقي، فتُرْجِمَ المنشور من اللغة العربية إلى اللغة التركية، واستخدم أيقونة اللون الفاتح للتأثير في المتلقي شعورياً، فالألوان الهادئة تسر النفس، وتبعث به الاطمئنان.

4 – قصيدة اليوتيوب YouTube:

منصة اليوتيوب هي منصة إلكترونية دورها نشر الفيديوهات من خلالها عبر الإنترنت ووسائل التواصل الاجتماعية، وهو موقع يعتمد على الخوارزميات Algorithms، وهذا ما يستعمل في بناء المحتوى المرئي، ويعرض على تلك المنصة الآلاف من الفيديوهات بكل أنواعها، وأصنافها، ومضمونها.

وهي منصة مستقلة عن الحكومة فيها حرية التعبير والرأي. وعليه نجد المحتوى الأدبي في هذه المنصة ليس له توجه واحد أو شكل واحد، فهو متعدد الأشكال والمضامين، فنجده يتضمن محتوى شعرياً لشاعر ما أو لعدة شعراء، سواء أكانوا على قيد الحياة أو وافتهم المنية.

فالشاعر يعرض عمله الإبداعي – الشعري – في فيديو بصوته أو مكتوب بدون صوت، وقد يكون مضافاً إليه موسيقى أو بدون موسيقى، وقد يكون عبارة عن رسم ويأتي عليها القصيدة في شكل

بياني أو هندسي على حسب اختيار الشاعر، أو يكون المحتوى عبارة عن فاعلية شعرية قد تم بثُّها مباشرةً على المنصة، أو تم تسجيلها وقام المسؤول ببثها...، وهكذا.

وهذا أدى إلى وجود إقبال على المحتوى الشعري، فأُنْشِئت المنصات الشعرية وتابعها الكثير عبر الإنترنت؛ وذلك لما تقدمه من محتويات أدبية، وهذا ما جعل نص اليوتيوب نصاً ينافس باقي النصوص الرقمية في خضم الاهتمام بالمحتوى الرقمي.

ففي الشكل الذي أمامنا يظهر المحتوى الشعري على هيئة محتوى مرئي وهو من قصيدة (يامنه) للشاعر عبد الرحمن الأبنودي.

القصيدة هنا نسمعها بصوت الشاعر الأصلي (عبد الرحمن)، واختار المبدع شفرة الخط الطبيعي لجذب نظر المتلقي، وأضاف إليها الرسوم المتحركة، فتبدأ بصورة عجوز إلى صورة يد إلى صورة الشاعر عبد الرحمن نفسه... وغيرها، وتجلت الشفرة السيميائية من خلال أيقونة اللون الأسود المكتوب بها مع وجود خلفية صفراء فاتحة تجذب انتباه المشاهد. ومن خلال المشاهدة جاءت الشفرة اللفظية المتمثلة في القول (عَجَّزت يا عبد الرحمن) بمثابة نهاية لمسيرته، وأنه أصبح كهلاً عجوزاً وقَرُبَ الموت منه، وتَجَسَّدَ المنظر خاصة بظهور الرسمة الكرتونية المتحركة وهي (أمه العجوز).

وفي هذا الفيديو نجد تفاعلاً في المحتوى الأدبي، فهو لا يعتمد على العمل الإبداعي وصوت الشاعر فقط، بل اعتمد على رسامين، ومبرمجين، ومعدين، لهذا الفيديو حتى يظهر أمامنا بهذا الشكل.

5 ــ قصيدة المدونات الإلكترونية (نصوص رقمية):

المدونة الرقمية موقع صغير بداخل موقع كبير يضم عَدَداً من المدونات وكلها تنشأ من خلال أو عبر شبكة الإنترنت، وعند التطرق إلى معنى مدونة نجده «موقعاً إلكترونياً يجمع عدداً من التدوينات، وهي بمثابة مفكرة أو ساحة طرح لآراء شخصية، وهي تطبيق من تطبيقات شبكة الإنترنت تكتب فيها التدوينات لنقل الأخبار أو التعبير عن الأفكار، وأغلب الموضوعات التي يتناولها الناشرون تتراوح ما بين اليوميات، والخواطر، والتعبير المسترسل عن الأفكار، والإنتاج الأدبي، ونشر الأخبار والموضوعات المتخصصة في مجال التقنية والإنترنت نفسها»[73].

فالناس وجدت الملائم لها في المدونات؛ لأنها مجانية، ويمكن الدخول عليها من أي مكان في العالم، والمشاركة فيها والتفاعل مع المنشور، وقراءة المحتوى، والاطلاع على الفيديوهات ومشاهدتها، وكل ذلك يتم عبر طريق المشاركة بالاسم الحقيقي للمتلقي أو المستعار.

أمامنا مدونة (الأدب والفن التفاعلي) للدكتور حمزة قريرة، ففي الواجهة نجدها تحتوي على أجناس الأدب المختلفة من الرواية التفاعلية، للشعر التفاعلي، والمسرح التفاعلي، والفيلم التفاعلي، وأدب الطفل التفاعلي، والمقامة التفاعلية، والأدب الشعبي التفاعلي، والمقال التفاعلي، فالمدينة تحمل شعار (كلنا مؤلف والآلة أيضاً)،

وتحمل الواجهة شريطاً به كافة الأجناس المذكورة، فتستطيع التصفح أو زيارة المدونة والاطلاع على كل جنس أدبي فيها والدخول عليه، والمشاركة به، والتفاعل معه عن طريق إرسال التعليقات.

وتوجد أيضاً أيقونة أو زر للرد على تلك التعليقات فمثلاً في الشعر التفاعلي يوجد بها قصيدة تفاعلية الموسومة بعنوان (الشعر بنكهة جماعية)، وهي قصيدة قائمة على التفاعل والمشاركة، وعند تصفح تلك القصيدة نجد قول الشاعر (قل شيئاً) في قصيدة بعنوان (الحب بكل اللغات)، فيترك للمتصفح الحرية في التفاعل بأن يضيف شيئاً أو أكثر، وبذلك أصبحت المدونة بما تحمله سبباً رئيساً في التفاعل والمشاركة والتأثير.

6 – قصيدة المجلات الرقمية:

من المتبع عند نشر قصيدة ما أن يقوم الشاعر بالبحث عن مجلة أدبية ونقدية، ويقوم بنشر قصيدته من خلالها، ولقد عرفنا العديد من هذه المجلات مثل مجلة فصول، ومجلة العربي، ومجلة الدوحة، ومجلة الشعر، ومجلة فاروس... وغيرها من المجلات، وهذه المجلات كانت المتنفس للشاعر في نشر قصائده، ولكن تحكمها ضوابط وآليات تخص كل بلد تنشر فيها هذه المجلات، وعليه ظهرت التكنولوجيا، وأصبح هناك عبء على تلك المجلات من نشر ورقي، وتكاليف الطباعة، ورسوم نقدية على الناشر، وظهرت فكرة المجلات الرقمية، أو نستطيع تسميتها بالمواقع الرقمية أو الفضاء الشعري، أو الفضاء الشعري الرقمي، وذلك لنشرها عبر الإنترنت

وقراءتها عبر الحاسوب، وتلك المواقع أصبحت تحل محل المجلات الشعرية الورقية، وبإمكان أي شخص أن يصدر موقعاً شعرياً، ويترأسه أيضاً، وينشر العديد من القصائد، ويتواصل مع أغلب الشعراء، فأصبحت العملية الإبداعية سهلة في نشرها، وهذا ما نجده على سبيل المثال داخل: الموقع الشعري الرقمي الموسوم بـ«مجلة الشاعر العربي»[74]، وأيضاً في الموقع الرقمي «رسائل الشعر»[75] وهو موقع يضم العديد من المجلات الرقمية، وبذلك أصبح هذا البديل الرقمي أسهل وأوفر من حيث النشر، بل أعم لكافة البشر، فيستطيع أي قارئ الدخول على مواقع التواصل الاجتماعي، وقراءة الشعر، والتواصل مع الشعراء أيضاً، ومن هنا أصبحت هذه المواقع أمراً واقعياً لا يستطيع أحد إنكاره، ولا يمكن الاستغناء عنه في نشر الأعمال الأدبية بسهولة ويسر.

7 ـ قصيدة الفضاء المطلق:

ظهرت العديد من النصوص الرقمية، سواء كانت على الإنترنت، أو من خلال برامج، أو محملة على أسطوانات (CD)، وكلها تحمل نصاً رقمياً يتم تشغيله عبر الفضاء الافتراضي الرقمي/ (الحاسوب)، وهذه النصوص تحمل في طياتها تقنيات كالروابط والوسائط المتعددة، فالنص يحمل روابط تجعل المشاهد أو المتلقي يتفاعل مع النص من خلال الضغط على الرابط بواسطة الفأرة فينقلنا إلى نص آخر، وهذا الرابط قد يحمل صوراً مرئيةً (كحركة الكلمات أو الجمل، والألوان)، والموسيقى المسموعة (التشكيل السمعي)، والشاعر يعتمد عليها

لتمثيل وجهة نظره وتجسيد حالته إلى العالم المادي، حتى يجذب المتلقي ويجعله في تفاعل مع آليات النص ورؤيته ومضامينه، وهذه النصوص نجدها متمثلةً في القصائد الرقمية للشاعر منعم الأزرق، فهي قصائد اتّحدت فيها كل عناصر الرقمنة وتقنياتها لتخرج نصوصاً رقميةً مقروءة عبر الفضاء الافتراضي، ولكنها فقدت عنصر التشعب.

هوامش الفصل الأول:

1 – د. إيمان يونس: الأدب الرقمي التفاعلي، الحقيقة والتحديات والمستقبل، مجلة جيل الدراسات الأدبية والفكرية، بيروت، لبنان، عدد 58، ص32.

2 – انظر: د. محمد نجيب التلاوي: القصيدة التشكيلية في الشعر العربي، الهيئة المصرية العامة للكتاب، القاهرة، 2006م.

3 – د. حسن ناظم: مفاهيم الشعرية، دراسة مقارنة في الأصول والمنهج والمفاهيم، المركز الثقافي العربي، بيروت، لبنان، ط1، 1994م، ص26.

4 – الجاحظ: البيان والتبيين، تحقيق وشرح: عبد السلام هارون، ط7، مكتبة الخانجي، القاهرة، 1418هـ – 1998م، ص28 – 30.

5 – يان فانسينا: المأثورات الشفاهية دراسة في المنهجية التاريخية، ترجمة وتقديم: أحمد مرسي، مكتبة الدراسات الشعبية، الهيئة العامة لقصور الثقافة، شركة الأمل للطباعة والنشر، القاهرة، 1999م، ص89.

6 – جون كوين: النظرية الشعرية، ترجمة وتعليق: د. أحمد درويش، دار غريب للطباعة والنشر والتوزيع، القاهرة، مصر، 2000م، ص396.

7 – انظر: المصدر السابق، ص397.

8 – د. سعيد يقطين: من النص إلى النص المترابط، مدخل إلى جماليات الإبداع التفاعلي، المركز الثقافي العربي، الدار البيضاء، المغرب، ط1، 2005م، ص178.

9 – أبو نواس: ديوانه، تحقيق: أحمد عبد المجيد الغزالي، دار الكتاب العربي، بيروت، لبنان، (ب.ت)، ص200.

10 – أبو القاسم هبة الله بن جعفر بن سناء الملك: دار الطراز في عمل الموشحات، تحقيق: جودت الركابي، ط2، دمشق، سوريا، 1977م، ص32.

11 – د. هـلال الجهـاد: جماليات الشـعر العربي، دراسـة في فلسفة الجمال في الوعي الشعري الجاهلي، ط1، مركز دراسات الوحدة العربية، سلسلة أطروحات الدكتوراه (60)، بيروت، لبنان، حزيران/ يونيو ، 2007م، ص86.

12 – لمزيد من التوضيح انظر: د. علي مصطفى عشـا: جدل الشـفاهية والوعي الكتابي في نماذج من الشعر الجاهلي.. دراسة هيرمينوطيقية، حوليات آداب عين شمس، كلية آداب، المجلد 47، عدد أبريل، يونيو 2019م. ص69.

13 – د. سعيد يقطين: من النص إلى النص المترابط، ص171.

14 – د. منتصـر نبيـه محمد صديـق: أدب الأطفال الرقمي/ التفاعلي بين سـلطة الرابط وتأثير الوسيط، ص57.

15 – انظـر: د. حسـام الخطيـب، د. رمضان بسطاويسـي محمد: آفـاق الإبداع ومرجعيته في عصر المعلوماتية، دار الفكر المعاصر، بيروت، لبنان، ص29.

16 – د. حسـام الخطيب، د. رمضان بسطاويسـي محمد: آفاق الإبداع ومرجعيته في عصر المعلوماتية، ص33.

17 – د. خديجة باللودمو: المتلقي بين نظرية المتلقي والأدب التفاعلي، ماجسـتير كليـة الآداب واللغـات، جامعة قاصدي مربـاح ورقلـة، الجزائر، 2013م، ص116 – 117.

18 – د. فاطمة البريكي: مدخل إلى الأدب التفاعلي، ص19.

19 – د. إبراهيم أحمد ملحم: الأدب والتقنية، مدخل إلى النقد التفاعلي، عالم الكتب الحديث، إربد، الأردن، ط1، 2013م، ص73.

20 – رولان بارت: درس السيميولوجيا، ترجمة: عبد السلام بنعبد العالي، تقديم: عبـد الفتـاح كيليطو، دار توبقال للنشـر، الدار البيضاء، المغـرب، ط2، 1986م، ص21.

21 – د. سعيد يقطين: النص المترابط، ص124.

22 – انظـر: د. إبراهيـم أحمد ملحـم: الأدب والتقنية، مدخل إلـى النقد التفاعلي، ص62.

23 – د. فاطمة البريكي: مدخل إلى الأدب التفاعلي، ص49.

24 – د. فاطمة عبد الحميد محمد علي: تفاعلية التكنولوجيا والسرد الرقمي، دائرة الثقافة، الشارقة، الإمارات، 2021م، ص100.

25 – د. إيمـان يونس: الأدب الرقمـي التفاعلي، الحقيقة والتحديات والمسـتقبل، ص26.

26 – نوال خماسـي: مفهـوم الأدب الرقمي التفاعلي، مقال علـى الرابط: بتاريخ 2022/8/22م

https://annabaa.org/arabic/literature/5475

27 – انظـر: د. أحمد نظيف: اشـتغال الفضاء من القصيـدة الورقية إلى القصيدة التفاعليـة، مجلـة مقاربـات، مؤسسـة مقاربـات للنشـر والصناعـات الثقافيـة واستراتيجيات التواصل، المغرب، ع27، 2017م، ص95.

28 – سلمان الأفنس الشراري: الأدب التفاعلي، إشكاليته والمفهوم وآفاق الإبداع، مؤتمر الأدباء السعوديين الرابع، المدينة المنورة، 20 شوال 1434هـ، على الرابط: 31 ،http://www.greengold.news/articles/5702.html/7/2022م.

29 – د. زكيـة مهني: الأدب الرقمي من النص إلى الوسيط، مجلة الأثر، جامعة الرحمن ميرة، بجاية، الجزائر، ع26، سبتمبر، 2016م، ص23.

30 – د. حسام الخطيب: الأدب والتكنولوجيا وجسر النص المفرع، وزارة الثقافة والفنون والتراث، الدوحة، ط2، 2011م، ص127.

31 – د. إيمان يونس: الأدب الرقمي العربي: الواقع، التحديات، الآفاق، ص31.

32 – البوفارية: هي قدرة الإنسان على أن يتصور نفسه غير ما هو، فيصنع لنفسه شـخصية وهمية، ويحاول أن يؤدي دوراً يتمسـك به رغم وقائـع الحياة الجارية. وهـو مصطلح مـن وضع دي جولتيه (DE JOULTIER) واقتبسـه من قصة مدام بوفاري. للمزيد من التفاصيل انظر الرابط:

https://ontology.birzeit.edu/term/%D8%A8%D9%88%D8%81%D8%8A%D8%A9%A7%D8%B1%D9

33 – دانيال بناك: متعة القراءة، ترجمة: يوسف المادة، دار الساقي، بيروت، لبنان، ط1، 2015م، ص34.

34 – د. زهور كرام: الأدب الرقمي، ص39.

35 – د. نبيـل علـي: العـرب وعصر المعلومات، سلسـلة كتب ثقافيـة، المجلس الوطني للثقافة والفنون والآداب، الكويت، العدد 184، 1994م، ص129.

36 – د. سعيد يقطين: النص المترابط، ص30.

37 – د. زهور كرام: الأدب الرقمي، ص57.

38 – د. محمد مريني: النص الرقمي، ص52.

39 – انظر: أحمد فضل شبلول: أدباء الإنترنت أدباء المستقبل، دار الوفاء للطباعة والنشر، الإسكندرية، ط2، 1999م، ص45.

40 – د. محمد مريني: النص الرقمي وإبدالات النقل المعرفي، ص59.

41 – إيمـان العامـري: الأدب الرقمي التفاعلي والتعدديـة الإبداعية، على الرابط بتاريخ 2022/7/15م.

http://www.mahaarat.com/?p=130

42 – رولان بارت: درس السيميولوجيا، ترجمة: عبد السلام بن عبد العالي، دار توبقال للنشر والتوزيع، الدار البيضاء، المغرب، ط2، 1986م، ص63.

43 – د. عـز الدين المناصرة، علم التناص المقارن، نحو منهج عنكبوتي تفاعلي، دار مجدلاوي للنشر والتوزيع، عمان، الأردن، 2006م، ص423.

44 – د. سومية معمري: الأدب الرقمي بين المفهوم والتأسيس، مقاربة في تقنيات السـرد الرقمي، دكتوراه، كلية الآداب، جامعة الإخوة منتوري، الجزائر، 2017م، ص59 – 60.

45 – د. عمـر زرفـاوي، الكتابة الزرقـاء، دائرة الثقافة، حكومة الشـارقة، دولة الإمارات، كتاب الرافد، عدد 56، أكتوبر، 2013م، ص194.

46 – د. إبراهيم أحمد ملحم: الأدب والتقنية، مدخل إلى النقد التفاعلي، ص19.

47 – د. فاطمة البريكي، مدخل إلى الأدب التفاعلي، ص49.

48 – د. خديجة بالودمو: المتلقي بين نظرية التلقي والأدب التفاعلي، ص83.

49 – د. عمر زرفاوي، الكتابة الزرقاء، ص194.

50 – د. تغريـد بنت أحمـد محمد كريري: تلقي الأدب التفاعلـي في النقد العربي المعاصر، ماجستير، كلية العلوم الإنسانية، جامعة الملك خالد، السعودية، 2017م، ص16.

51 – د. فطيمة ميحي: البنية الدلالية للشعر التفاعلي الرقمي، ص25.

52 – انظـر: د. جمـال قالم: النص الأدبي من الورقية إلى الرقمية آليات التشـكيل والتلقي، ماجستير، معهد اللغات والأدب العربي، الجزائر، 2009م، ص43.

53 – د. فاطمة البريكي: مدخل إلى الأدب التفاعلي، ص50 – 53.

54 – د. محمد مريني: النص الرقمي وإبدالات النقل المعرفي، ص6 – 7.

55 – د. عبد القادر فهيم شيباني: سيميائيات المحكي المترابط، سرديات الهندسة الترابطيـة، نحـو نظرية للرواية الرقميـة، عالم الكتب الحديث للنشـر والتوزيع، الأردن، 2014م، ص63.

56 – د. خديجة باللودمو: المتلقي بين نظرية التلقي والأدب التفاعلي، ص119.

57 – د. منتصـر نبيـه محمد صديـق، أدب الأطفال الرقمي/ التفاعلي بين سلطة الرابط وتأثير الوسيط، ص97.

58 – إيف ستالوني: الأجناس الأدبية – ترجمة: محمد الزكراوي، مراجعة: حسن حمزة – مركز دراسات الوحدة العربية، المنظمة العربية للترجمة، بيروت، لبنان، ط1، 2014م، ص8 – 9.

59 – انظر: فاطمة البريكي: مدخل إلى الأدب التفاعلي، ص23.

60 – انظر: د. إيمان يونس: أدوات الكتابة وماهية الإبداع، من النقش على الحجر إلـى الكتابة بالوسـائط المتعددة، مجلـة الحصاد، العـدد الأول، المعهد الأكاديمي لإعداد المعلمين، بيت بيرل، فلسطين، 2011م، ص48.

61 – انظـر: د. جميـل حمـداوي: الأدب الرقمـي بيـن النظريـة والتطبيق نحو الوسائطية، ط1، 2016م، ص82.

62 – د. فاطمـة البحرانـي: في ريادة العـرب التكنو أدبية والرقمـي إلى الرقمي التفاعلي. على الرابط:

http://imzran.org/mountada/viewtopic.php?f=46&t=2295

63 – د. عايـدة نصـر الله، إيمان يونس: التفاعل الفني الأدبي في الشـعر الرقمي، قصيدة شـجر البوغاز نموذجاً، دار الأركان للإنتاج والنشـر، مركز أبحاث اللغة والمجتمع والثقافة العربية، المعهد الأكاديمي العربي للتربية، بيت بيرل، فلسطين، (د.ت)، ص32.

64 – د. فاطمة البريكي: مدخل إلى الأدب التفاعلي، ص66.

65 – د. عبير سـلامة: الشـعر التفاعلي طرق العرض طرق للوجود، متاح على الإنترنت عبر الرابط:

http://www.sha3erjordan.net/lovedesert/news.php?action=view&id=970

66 – د. فاطمة البريكي: مدخل إلى الأدب التفاعلي، ص164.

67 – جمـال قالم: النص الأدبي من الورقية إلى الرقمية، آليات التشـكيل والتلقي، ماجستير، معهد اللغات والأدب العربي، الجزائر، 2009م، ص41.

68 – د. إبراهيم أحمد ملحم: الأدب والتقنية، مدخل إلى النقد التفاعلي، ص63.

69 – انظر:

أ – د. عايـدة نصـر الله، إيمان يونـس: التفاعل الفني الأدبي في الشـعر الرقمي، قصيدة شجر البوغاز نموذجاً، ص34 – 35.

ب – د. فاطمة البريكي: مدخل إلى الأدب التفاعلي، ص91.

70 – د. سعيد يقطين: من النص إلى النص المترابط، مدخل إلى جماليات الإبداع التفاعلي، ص257.

71 – انظـر: جميل حمداوي: الأدب الرقمي بين النظرية والتطبيق (نحو المقاربة الوسائطية)، ط1، 2016م، ص145، 166.

72 – مواقع التواصل الاجتماعي: هي مواقع إلكترونية يُنْشِىئ من خلالها الأفراد صفحاتهم الشـخصية، وتمكنهم من التفاعل مع المتلقي عبر أشعارهم، وأخبارهم، وكُتبِهم المنشورة.

73 – للمزيد من التفصيل انظر: معنى المدونة في موقع ويكيبيديا. https://ar.wikipedia.org/wiki/%D9%85%D8%AF%D9%88%D9%86%D8%A9

74 – انظر المجلة الرقمية «الشاعر العربي» على الرابط: http://alshaeralarabi.blogspot.com

75 – انظر المجلة الرقمية «رسائل الشعر» على الرابط:

https://www.poetryletters.com/mag/%D9%85%D8%AC%D9%84%D8%A9%D8%A7%D8%AA – %D8%B9%D8%B1%D8%A8%D9%8A%D8%A9 – %D8%AB%D8%A3%D8%AF%D8%A8%D9%8A%D8%A9 – %D8%B4%D8%81%D9%82%D8%A7%D9%8A%D8%A9%B9%D8%B1%D9

الفصل الثاني:

الإطـــار التطبيـــقي

- **المبحث الأول:** القصيدة الرقمية التفاعلية (تباريح رقمية لسيرة بعضها أزرق)

- **المبحث الثاني:** القصيدة الوسائطية (كونشيرتو الحرب).

- **المبحث الثالث:** القصيدة الرقمية (مآثر غيمة لا تشبع منها العينان).

المبحث الأول:

القصيدة الرقمية التفاعلية
«تباريح رقمية لسيرة بعضها أزرق»

أولاً: الوجهة الشعرية وسلطة العلامة

ثانياً: الروابط وأثر التشعب

ثالثاً: الوسائط المتعددة

أصبحت الوسائط الرقمية من صور وموسيقى وفيديوهات... وغيرها هي العنصر الأساسي في تخطي الحاجز الورقي إلى الانفتاح الرقمي، وهو ما حدث في مرحلة ما بعد الحداثة، فقديماً كان المتلقي وعملية الإنتاج الناتجة من قراءة النص كل منهما في حالة مختلفة أو جانب مختلف ناتج عن احتكاك كل منهما بالنص، والمتلقي ينتج عمله من منظوره النقدي للنص الأصلي، وذلك في إطار يحدده المبدع الأصلي للنص، وبمجرد انتشار التقنية الرقمية – الوسائط – أصبح كل منهما في إطار واحد لا يتحمل أو يعلي شأنه على الآخر فهم في اتجاه واحد ومسيرة واحدة.

فقديماً كان الإنتاج محدداً داخل عملية التلقي الأدبي، فالنتاج قد يكون نتاجاً وصفياً أو تحليلياً أو فنياً أو تأويلياً.. وغيرها، فهي لا تنتج النص من جديد، بل هي عملية نقدية فقط، وأما حديثاً فأصبح النتاج الوسائطي يُخْرِج العمل الإبداعي من صورة تقليدية إلى صورة نتاج مغاير ومواكب للتكنولوجيا، إذ إن «إعادة إنتاجها بواسطة تقنيات الوعي من خلال ظهور الثنائيات المركزية، وكذلك عبر توظيف النماذج المستقلة قرائياً، فالصور، والنصوص الشعرية، والموسيقى المستعملة في حالة فصلها عن بعضها نجد أنها تمثل سياقاً حداثياً، بسبب تجلي نظام المهيمنات فيها بشكل واضح»[1].

وتعد قصيدة (تباريح رقمية لسيرة بعضها أزرق) للدكتور مشتاق عباس معن، أول قصيدة رقمية ظهرت في عام 2006م، ولاقت انتشاراً محدوداً في عام 2007م. وهي قصيدة عنوانها الألم، والحزن، والهمّ، وهي محاطة بالفضاء الزرقاوي كأنه بحر عميق من يدخله لن يصل إلى بر الأمان، وبحر ليس له شاطئ، نهاره جاف ساخن لا حياة فيه وليله داكن مظلم بارد لا عاطفة به.

الشاعر يتوجع ويتفجع لما آل إليه الإنسان، فمال حاله وزاد ألمه وسالت دماؤه في كل اتجاه، ونجده في النص غاضباً مكتوماً وآلماً صارخاً ليس له صوت، وتَمَثَّل كل ذلك في التمثال الذي لا جسد له فهو عبارة عن رأس فقط في وسط زرقاوي، وذلك الرأس من طين يصارع ويجاهد للتحدث، وبمجرد ظهور صوته يُكَبّل من جديد، فهو يحمل شفرات سيميائية تحمل في طياتها دلالات عن العذاب والقهر التي يعيشه ذلك الرأس، وما يدور فيه من أفكار سوداوية.

وبالنظر إلى الفضاء المحيط بالنص فهو فضاء أزرق داكن يجعل المتلقي يعيش حالة من الفزع، والاختناق، والرهبة، وكل ذلك يجتمع مع اللون الأزرق والرأس المقطوع فهو أيقونة للموت، ويتزامن معه إحساس المتلقي بالرغبة في الصراخ عوضاً عن ذلك الرأس، وهذا يجعله في حالة من العجز والشلل الواضحة في فضاء الوجهة.

أولاً: الوجهة الشعرية وسلطة العلامة:

تشير واجهة القصيدة الرقمية إلى الأثر الذي أحدثته التقنيات

التكنولوجية في الشعر، أو بالأحرى تحولات النص الشعري في ظل الرقمنة، إذ من خلالها – الواجهة – يمكننا الوقوف على تلك التحولات، وما أصاب النص الشعري من تغيير، إذ تحولت اللغة الصامتة في الوسيط الورقي إلى لغة دينامية متحركة يمكنها الحركة والنطق، والشكل حسب ما يوظفه لها المؤلف من إمكانات رقمية، ونتوقف في الواجهة كذلك عند الألوان وتأثيراتها المتنوعة، وارتباط كل منها بمدلول علاماتي معين يوظفه الكاتب أيضاً كأيقونات سيميائية تحيل إلى مضامين عميقة داخل القصيدة، هذا بجانب الرسومات، والأيقونات التي تكشف داخل سياقاتها عن أفكار النص، وتعمل على تجليها، ويأتي كذلك الوسيط السمعي، كأحد العناصر التي تشي بها واجهة القصيدة منذ البداية.

وهو أمر يدفعنا عند الولوج إلى عالم القصيدة ألا نتوقف عند البعد الصوتي فقط – كما كان في النص الورقي – بل نتعداه إلى عناصر أخرى متنوعة عملت الرقمية على ظهورها، ومن هنا يمكننا القول بأن مستقبل الشعر في ظل ما يشهده العالم من تحولات رقمية يتجه نحو التنوع والثراء والتفاعلية، والبعد عن جمود الوسائط الرقمية قدر الإمكان.

ولعل واجهة قصيدة (تباريح رقمية) تدفع المتلقي منذ بدايتها إلى قدر كبير من التفاعل والتشابك، إذ عليه أن يحرك المؤشر/ الفأرة ليتنقل بين وسائط وعناصر متنوعة، ويلتقي بالألوان والرسومات والأصوات، والحركة، وكأنه منذ البداية يجب عليه أن يتخلى عن كونه متلقياً فقط، بل مشاركاً ومبحراً، ومبدعاً، وكذلك منغمساً

داخل ذلك الواقع الافتراضي بفضاءاته المتنوعة، ليدخل بعدها إلى عوامل القصيدة متهيئاً لتقبل مدلولاتها وأفكارها، وذلك كما في الشكل التالي:

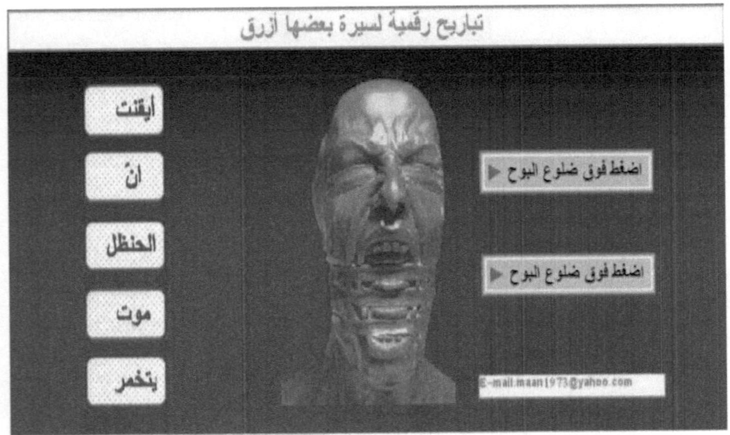

شكل رقم (1)

والذي ينظر إلى تلك الواجهة يجدها تمثل عتبة رئيسة من عتبات النص، بل هي نقطة الانطلاق التي يمكن البدء من خلالها الدخول إلى القصيدة، إذ إن كل عنصر من عناصرها يرتبط ارتباطاً رئيساً بما تحمله من معان «فتمثل الواجهة في الأدب التفاعلي نقطة البداية التي ينطلق منها المتلقي من أجل الدخول إلى عوالم النص، حيث يمكن مقارنتها بالغلاف في النصوص الورقية، وإذا كان الغلاف الورقي يحوي – في كثير من الأحيان – ألواناً متعددة، وكلمات متنوعة من حيث الشكل ونوع الخط، إلا أنه يفقد جوانب متعددة لا تتاح إلا في النصوص الرقمية، كتوافر عنصر حركية الصورة مثلاً،

أو عمل الواجهة مثلاً كرابط يمكن المتلقي عند تنشيطه أن يدخل إلى عالم النص»⁽²⁾.

فعند النظر – على سبيل المثال – إلى تلك الأيقونات التي جاءت على الناحية اليسرى من الخلفية، كما بالشكل رقم (1)، نجد أنها تمثل نصوصاً شعرية مصغرة، أو ما يمكن أن نطلق عليه (ومضة شعرية)، وكل ومضة منها ترتبط بالدلالة العامة – كما سنبينه في حديثنا عن الترابط داخل القصيدة – التي تشير إلى الحزن والألم والفقد وكذلك الضياع، وهذه الأيقونات قد حمّلها الكاتب أبعاداً سيميائية عبر تجليها كروابط غير نشطة تحمل نصوصاً، وكذلك عبر تجليها كأيقونات سيميائية خلال وضعها في مربع باللون الأحمر، وكلماتها التي تلونت أيضاً باللون الأحمر وهي تسبح داخل (شكل منقط) ملون باللون الأسود، وكل تلك التفاصيل ما هي إلا علامات سيميائية على المتلقي أن يقوم بتفسيرها إذا ما أراد أن يلج إلى داخل النص وعالمه.

ومن ثم تصبح (الكلمة) على تلك الواجهة ذات وظيفتين رئيستين:

الأولى عملها العلاماتي المرتبط بما تحمله من كلمات.

والثانية عملها التقني كوسيلة مرور لما سيأتي بعدها.

وفي الحالتين يظهر تأثير التقنيات الرقمية، كما ذكرنا من قبل. كما أننا نجد أن مجموع هذه الأيقونات يكوّن لنا في النهاية (ومضة شعرية) حاول الكاتب من بداية القصيدة أن يدفع إليها المتلقي ليشعر بتلك المرارة، وذلك الألم الذي يهيمن على القصيدة، وذلك على النحو التالي:</p>

«أيقنت

أن

الحنظل

موت

يتخمر».

فمجموع هذه الكلمات هو (أيقنت أن الحنظل موت يتخمر) يشير إلى الدلالات السابقة التي ذكرناها، والتي تعكس حال الوطن العراقي وما به من آلام في تلك الفترة التي يتحدث عنها الشاعر، وتؤكد دلالة اللون الأحمر الذي تلونت به الكلمات، وما يرتبط بهذا اللون من معاني الألم والقهر والصراع.

وتبدو على الواجهة كذلك تلك الأيقونات ذات اللون الأصفر على ناحية اليمين، والتي تحمل (اضغط فوق ضلوع البوح) الأولى والثانية، وهذه الضلوع جعلها الشاعر (للدلالة) المركزية لمجمل النص، إذ تعبر القصيدة عن بوح الشاعر الذاتي تجاه وطنه العراق، وهذا البوح شبهه بإنسان يحمل ضلوعاً يمكن الضغط عليها كناية عن الألم، كما أن الضغط عليها من قبل المتلقي بشكل فعلي يدخله إلى عوالم القصيدة وتشعباتها الداخلية، إذ جعلها الشاعر أيضاً أيقونات سيميائية تحمل أبعاداً نصية، وجعلها كذلك رابطاً نشطاً يمكن المرور من خلاله إلى ما هو داخل النص.

ونلحظ أن ذلك الأسلوب الطلبي (اضغط فوق ضلوع البوح)

هو طلب يوجهه الكاتب إلى المتلقي الافتراضي الذي يحاول أن يلج إلى قصيدته من أجل أن يشركه معه في الإحساس بتلك الأزمة التي يعانيها الشاعر جراء ما يحدث داخل وطنه، وتزداد هذه الأزمة شيئاً فشيئاً إذا ما وصل المتلقي إلى بقية الروابط واطلع على ما تحمله من نصوص شعرية متنوعة.

إن كل ما نطالعه على شاشة الحاسوب هو صورة أخرى للفضاء الافتراضي/ الرقمي، فبمجرد غلق الحاسوب، أو انقطاع التيار الكهربائي يختفي كل هذا العالم، لنرجع مرة أخرى إلى واقعنا الحقيقي، وقصيدة «تباريح رقمية لسيرة بعضها أزرق» تنتمي إلى هذا الواقع الافتراضي بما تحمله من وسائط رقمية، وما تحمله من مكونات وسائطية من (الصور، الأصوات، والكلمات، والموسيقى) تتصف بتلك السمة الافتراضية.

وعندما ننظر إلى واجهة القصيدة كأول عتبة يمكننا الوقوف عليها، نجد أنفسنا أمام علامات وشفرات سيميائية تمكننا – عند دراسة بنيتها العميقة – من الوصول إلى دلالات النص التي يريد الشاعر أن يطرحها، ومما يطالعنا في واجهة تلك القصيدة هي العلامة السيميائية المتمثلة في الوسيط السمعي الذي يحيل المتلقي إلى عديد من الدلالات النفسية المتربطة بالخوف والتوتر والإحساس بالحزن، فالوسيط السمعي يظهر ونسمعه بمجرد الضغط على الأيقونة الماثلة داخل الواجهة، وهو عبارة عن صوت قيثارة ممتلئة بالغضب والألم، وذلك الصوت يجعلك تتيقن بأن النص يحمل شفرات لغوية ممتلئة بالأوجاع، ويتلاءم ذلك مع بقية العلامات الأخرى التي تحملها

الواجهة، حيث تتضمن شريطاً أصفر، ولوناً أزرق، وكلمات تحمل شفرات لغوية تدل على القهر والحزن والموت، وصورة تمثال برأس مقطوع... وغيرها.

والوسيط السمعي هنا به شفرات (معلنة/ خفية)، فالجزء المعلن هو الرهبة والخوف، والجزء الخفي هو الصرخة المكتومة غير المعلن عنها أو المسموح بظهورها، كما يمكن النظر – داخل هذه الواجهة – إلى الألوان وما تحققه من دلالات. فاللون الأزرق يشير – في العرف الاجتماعي – إلى الألم والحزن، كما أنه يغطي كل الواجهة، وهو يشير أيضاً إلى طبيعة ذلك الفضاء الافتراضي الذي يسبح فيه النص، وقد ورد اللون الأزرق في القرآن الكريم بمعنى الرهبة والتخويف، وجاء ذلك في قوله الله تعالى (وَنَحْشُرُ الْمُجْرِمِينَ يَوْمَئِذٍ زُرْقاً)[3]، وجاء لوصف الشؤم والعذاب، كما ورد أيضاً في شعرنا العربي القديم دلالة على الهم، والفزع، والخوف، والحروب أيضاً كقول امرؤ القيس[4]:

أَيَقْتُلُنِـي وَالمَشْـرَفِيُّ مُضاجِعـي
وَمَسْـنونَةٌ زُرقٌ كَأَنيـابِ أَغـوالِ

فالشاعر هنا لصق صفة الأزرق بالرمح وهو أداة في الحرب والناتج عنه هو الدمار، والهلاك، والفزع، والتشتيت، فنجد اللون الأزرق يحمل في طياته شفرات الألم، والبؤس، والقهر، والموت لدى العرب، وكان يرمز له أيضاً بعلامة الخطر[5]، وذلك كما بالشكل (1)، وفي القصيدة نجد دلالات ومضامين تحيلنا إلى الحرب، فاللون الأزرق جاء فاقعاً، وهو ما يجعل العينين منذ النظرة الأولى للواجهة

126

يتخللها إحساس بالخوف والكره والتوتر، ويظهر أيضاً تلاحم الدلالة مع سياق الوسيط الرقمي، فهو كما يظهر أمامنا يتأتي بلون أزرق، حاملاً دلالات الرهبة والخوف والتشاؤم. ولذلك نجد إصرار الشاعر على جعل خلفية الواجهة كلها باللون الأزرق وليس جزءاً منها، للتأكيد على الحالة النفسية الواقعية التي يعيشها ويجسدها من خلال ذلك الفضاء التفاعلي بدلالات توضح بأنه في حالة من الفزع واليأس والدمار، ومن هنا نطرح سؤالاً مهماً: هل الشاعر أراد أن يجعل المتلقي يعيش حالةً نفسيةً موازيةً للحالة المسيطرة عليه أم لا؟

تتوقف الإجابة عن التساؤل السابق إذا تمكنّا من التوفيق بين كافة العلامات التي حملتها تلك الواجهة، فإذا نظرنا إليها نرى مقصد الشاعر، وما يوجهه من شفرات خفية تحمل مشاعره الدفينة وحالته النفسية التي عايشها، ومحاولة نقلها إلى المتلقي، ليعيشها من خلال الفضاء التفاعلي الظاهر أمامه، فتظهر أمامنا الواجهة ملونة كاملةً باللون الأزرق، ويزامنها الوسيط السمعي الذي يحمل دلالات الحزن والألم، وعليه نجد كل ذلك عاملاً مهماً في جعل المتلقي يتعايش بدلالات وسائطية رقمية لتتحول عنده دلالة اللون الأزرق إلى الموت.

ومن عناصر الوجهة التي يمكن الوقوف عندها هو شكل الرأس المعصوب العينين، وذلك الرأس أيضاً يحاول الصراخ، ولكن لا يتمكن بسبب تلك الأشرطة التي تلجّم فمه كما نرى في الشكل رقم (1)، وهذا الشكل لم يوظفه الشاعر اعتباطاً، إذ إنه عبارة عن لوحة فنية معروفة وهي صورة «لتمثال نحتي من البرونز باسم الشلل والمقاومة للنحات التشكيلي (سامي محمد)، إذ قام بإنجاز هذا العمل

النحتي عام 1980م، ولهذا العمل الكثير من الدلالات المجسدة للواقع الألمي الذي يعاني منه أهل العراق، حيث يشير الرقم 1980م إلى بدايات الحرب العراقية الإيرانية، وما جرته الحرب من مآسٍ وآلام للشعب العراقي»(6)، ويعبر هذا الشكل عن محنة الوطن العراقي، ويشير إلى دلالات سيميائية تمثل: الهم والقهر والإسكات، وبالنظر إليه نجد وجه إنسان يحاول الصراخ، ليس مرة واحدة، بل عدة مرات، وكلما تصاعد صوته وأصبح مسموعاً تأتي الأربطة وتلجم فمه، وتتكرر محاولات إسكاته، لنجد نفس النتيجة: الصمت ومصاحبة الألم، وهي دلالة ومؤشر سيميائي على فساد المخربين داخل الوطن، فلا يستطيع التعبير عن المشاكل المحيطة به، ولكنه لا يخضع ولا يستسلم كما نرى في الشكل (1).

وشفرة الوجه هنا تدل على المقاومة، وعدم الاستسلام للواقع، فالوسيط البصري هنا (الشكل المنحوت) من خلال الفضاء الرقمي يسرد لنا معاناة الشاعر، وبالنظر إلى التمثال أو الوسيط عبر الحاسوب يمدنا بكل الشفرات النفسية والعاطفية المسيطرة على الشاعر، وكما أن صراخه يجعل المتلقي في حالة زعر وخوف، أما بالنسبة للوسيط البصري (المنحوت) فإنه معصوب العينين ومحكم حتى لا يستطيع البكاء، وإذا بكى لن يجد الدمع طريقاً للنزول، فبالبكاء راحة وهو لا يجد تلك الراحة، وهذه دلالة مباشرة على الألم والقهر النفسي والعمى البصري، ونجد أيضاً مع إحكام عصابة عينيه تورم جفونه، وهي إشارة إلى غزارة دموعه المكبوتة داخل عينيه، ولذا نجد أن الفضاء الافتراضي قد جسّد تلك الدلالات والشفرات

المحمولة بوسيط بصري عبّر عن القمع ومقاومة النفس الإنسانية لكل ألوان القهر والانهزام النفسي.

بقي أخيراً ــ في تلك الواجهة ــ ذلك الشريط المتحرك، والذي جعله الشاعر يظهر في جميع روابط قصيدته، كما أنه يحمل في كل رابط (ومضة شعرية) أيضاً يوظفها الشاعر من أجل السيطرة على كل حواس المتلقي، وإشراكه له في كل ما يشعر به، ولكن الشاعر على الواجهة اكتفى فقط في الشريط المتحرك بحمله (تباريح رقمية لسيرة بعضها أزرق) عبر لونه الأصفر، وألوان الكلمات الحمراء، ليحدث توتراً وانجذاباً منذ البداية ــ عبر ما تعكسه تلك الألوان ــ إلى ما يحمله عنوان القصيدة من مدلولات تبوح بها لفظة (تباريح)، وإلى طبيعة تلك القصيدة التي تعكسها لفظة (رقمية).

يمكننا إذن بعد النظر إلى واجهة القصيدة، ومحاولة فك شفراتها أن نقف على تأثير الرقمنة في النص الشعري، وما سوف ينتظر الأدب بشكل عام، والنص الشعري بشكل خاص من تحولات متعددة على مستوى الشكل وكذلك المضمون.

وتتفاعل كل تلك العناصر التي تحملها الواجهة مع العنصر السمعي المتمثل في الموسيقى، حيث أضاف إليها الشاعر مقطعاً موسيقياً حزيناً كصوت الناي، وهو ما يجعل المتلقي متقبلاً له من خلال بعده الثقافي كعلامة يضاف تأثيرها إلى العلامات الأخرى داخل الواجهة من أجل التأكيد على الدلالة، والتعايش معها. وهذه العلامة السمعية تحديداً لم يكن يعرفها النص الورقي من قبل، بل هي

من إضافات الرقمنة، مما يجعل النص أكثر حضوراً وتأثيراً، فبعدما كان البعد البصري هو المهيمن من قبل، جعلت الرقمنة وكل الأبعاد البصرية والسمعية والحركية تتضافر من أجل تحقيق أكبر قدر من التفاعل تجاه النص.

ثانياً: الروابط وأثر التشعب:

لعل أبرز خاصية اكتسبها النص الشعري عند ارتباطه بالتكنولوجيا الرقمية هي فكرة التشعب التي تتحقق من خلال الروابط المتعددة، إذ يتم بناء النصوص التفاعلية عبر تقنية النص المترابط، وهذه التقنية كما ذكرنا في الجانب النظري جعلت النص أكثر انفتاحاً وحيوية، إذ مكنت المتلقي من اختيار البداية التي يريدها، عبر ما يتاح له من روابط متعددة، كما أنها ألغت فكرة القراءة السطرية التي كان يفرضها الوسيط الورقي، واستبدلتها بالقراءة المتشعبة، هذا بالإضافة إلى زيادة درجة التفاعل تجاه النص عبر الاختيار، والتنقل والإلغاء.

والنص التفاعلي – في الغالب – يتأتى من خلال نوعين من الروابط الأول، روابط نشطة وهي التي عند الضغط عليها تنقلنا إلى روابط أخرى متعلقة بها، ومتداخلة معها، وهذه الروابط تحديداً هي الأساس الذي بنيت عليه فكرة النصوص التفاعلية، بداية من فكرة (الميمكس) إلى وقتنا هذا، أما النوع الثاني فهو الروابط غير النشطة التي يوظفها الكاتب من أجل تحقيق وظيفة جزئية داخل النص، وكلا النوعين يعمل على تحقيق سمة التشعب التي هي من أبرز سمات النصوص الرقمية/ التفاعلية.

1 – الروابط النشطة:

– رابط/ ضلوع البوح الأولى:

عند النظر إلى الرابط المتشعب النشط نجده على شكل مستطيل مكتوب عليه (اضغط فوق ضلوع البوح)، فهذا الرابط النشط له دلالة وشفرة وهي كلمة الضغط، وهو بذلك ترك المجال للمتلقي بأن يقوم بالضغط أولاً، فالضغط على الرابط الأول، أو الرابط الثاني يُعَد عتبة تفاعلية تنقل المتلقي إلى مضمون القصيدة، وتشعباتها الداخلية، فعلى سبيل المثال عند الضغط على الرابط النشط ستنبثق نافذة جديدة تنقل المتلقي من فضاء تفاعلي إلى فضاء تفاعلي ترابطي آخر وما يحمله من روابط نشطة ونص إبداعي آخر.

ومن خلال الضغط على ضلوع البوح الأولى التي نراها على واجهة القصيدة، نجد أننا انتقلنا إلى أول نص شعري داخل القصيدة، متمثلاً كذلك في رابط آخر نشط، وذلك على النحو التالي:

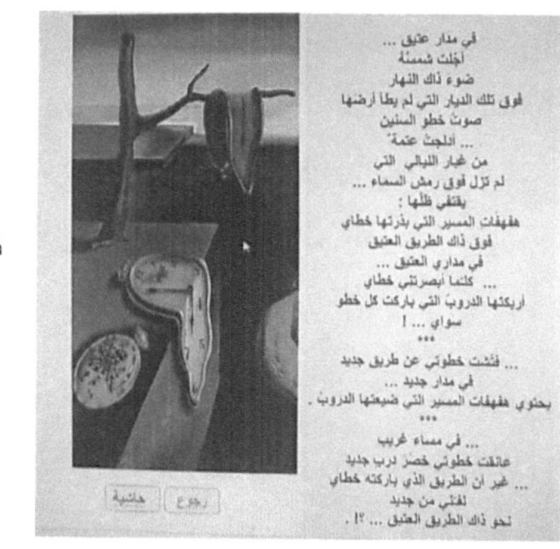

شكل رقم (2)

عند النظر إلى النص السابق نجد أنه يتجلى فقط من خلال النقر على ذلك الرابط النشط، وهو يحمل في طياته أكثر من عنصر بجانب النص اللغوي، فتجد كما بالشكل السابق تلك القصيدة التي تتحدث عن الغربة والتيه، وهو ما نستشفه من شفرات النص اللغوية، ونجد نصاً شعرياً يحمل في طياته ألفاظاً لها شفرات سيميائية كجملة (في مدار عتيق) فكأن كلمة مدار ما تحوي من مدلولات تشبه ذلك التشعب المتحقق داخل روابط القصيدة، والتي تمنحها سمة اللامركزية، فيبدو النص وكأنه دائرة لا يمكن الإمساك بنقطة بدايتها ونهايتها.

ونجد أيضاً في كل من الكلمات (إدلاج – العتمة – غبار) شفرات توحي بمدلولات سلبية كالظُّلْمَة والسواد وضياع الطريق لامتلائه بالغبار، فأصبحت السماء معتمة ومغيمة بسبب غبار الجو وأخفت عن الذات الشاعرة جمال السماء، وصفائها، ونجومها، وهو ما يدل على انقطاع الراحة والعيش بداخل الجو المعتم والداكن الذي يملؤوه الغبار، وفي بنية الجملة (من مداري العتيق) تكرار بينه وبين بداية النص الشعري، فالأول مدار طويل قد يكون معه الآلاف من الذوات الحائرة، أما في كلمة (مداري) فلقد خص بالذكر ذاته الحالمة التائهة، وهنا تأتي الدلالة على تجسد ذاتية الشاعر التي تعيش في العتمة والحيرة وهو يعيش في خضم من الأحداث المربكة التي تجعله لا يعرف الطريق وكيف يصل إليه.

وفي جملة (فتشت خطوتي عن طريق جديد) نجد بصيصاً من الأمل، فالذات الشاعرة هنا تعيش وتمحص في أعماقها عن طريق جديد، وتحاول من خلاله معرفة الوصول إلى بر الأمان، أو الرجوع

إلى طريق الخير والنور بعد أن تاه في ظلمة الليل وغباره، ولما هَمَّ للبحث عن النور وجد نفسه يسلك نفس الطريق المظلم، فلا مفر من تركه، ولا أمل في انتهائه، وكأنه يدور في حلقة مُفْرَغة كلما انتهى منها جَرَّتْهُ وأعادته إلى البداية ماراً بنفس الأحداث.

وتتزامن تلك الدلالات التي جمعها الوسيط اللغوي السابق مع بعض المؤثرات الرقمية الأخرى التي تؤكد تلك الدلالات، وتجعل المتلقي أكثر تفاعلٍ معها، لعل من أبرزها ذلك الشريط المتحرك ذو اللون الأصفر الذي يرد مع كل نص رقمي/ شعري داخل القصيدة، ومع هذا النص نجد هذا الشريط يحمل دلالة العَجِلة والسرعة على عكس الأشرطة الأخرى في النصوص التالية التي تكون فيها العجلة أقل من ذلك، وكأن الشاعر يريد من المتلقي منذ بداية القصيدة أن يهتم بشأن تلك المعاني التي يبثها داخل القصيدة.

وعندما نطالع ما تضمنه ذلك الشريط الذي حمله الرابط الأول نجد الشاعر يقول فيه «عاجل:... باتجاه مخيف تأخذني خطوتي،،، فهي تعرف أسرار كل المخاطر،،، لكنها تشتهي أن تقامر في لوعتي دائماً...» فهذا النص كما نرى، يشير إلى معاني الخوف والحيرة والضياع، وهو ما يريد الشاعر أن يعكسه لنا.

هناك أيضاً الوسيط البصري المتمثل في تلك الصورة التي جاءت مشتركة مع القصيدة في نفس الرابط – وسوف نقوم بتحليلها ضمن الوسائط البصرية – وهي تُقَوِّي من الدلالة العامة للنص.

وفي نهاية هذا الرابط يجد المتلقي نفسه مدفوعاً إلى رابطين

نشطين آخرين الأول منهما يحمله للعودة إلى عتبة النص، بينما ينتقل به الثاني/ حاشية إلى رابط جديد يحمل نصاً جديداً، كما هو بالشكل رقم (2)، وهذا الرابط الجديد عند وُلوجه نجده يتضمن قصيدة عمودية ترتبط دلالتها أيضاً بالدلالات السابقة التي ظهرت في النص السابق، كما أنه يتشعب إلى أربعة روابط أخرى، كما في الشكل التالي:

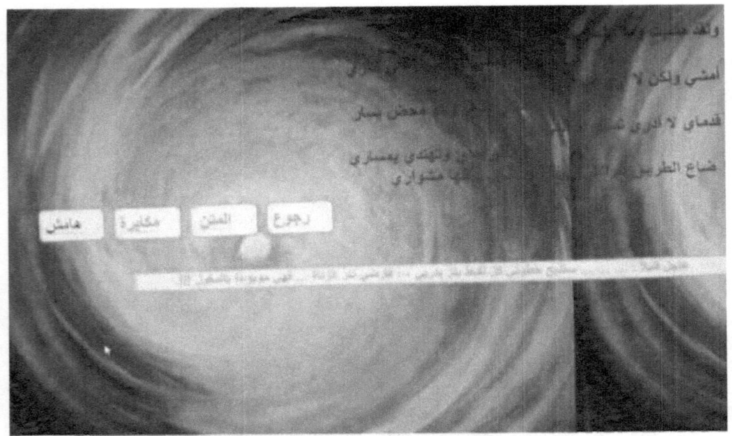

شكل رقم (3)

كما ذكرنا أنه بمجرد الضغط على رابط/ حاشية فهو ينقلنا إلى نافذة أخرى، ومن هنا يتجلى عنصر التفاعل وسوف نبحر من خلاله في هذا الفضاء الرقمي المشتمل على قصيدة عمودية تتكون من ثلاثة أبيات وبيت حر، في هذه القصيدة نجد أن الذات الشاعرة هنا دائماً في حركة دون توقف، وتجلت الدلالات السيميائية هنا من خلال الكلمات (مشيت، أمشي، خطوة، قدامي، تسير، مساري الطريق، خطاي، مشواري) فكلها كلمات جاءت دلالتها الحركة والاستمرارية، ولكنها

باءت بالفشل، فهو يمشي ولا يعرف الطريق، وهذه أيقونة الضياع والتيه، فالذات الشاعرة هنا سراب ليس لها وجود وخطواتها بدون جدوى، ويعبر عن عدم الإدراك بمراكز الإحساس في جسده بسؤال هل تمشي قدماه أو التي تخطو هي يداه؟، وتلك دلالة على الموت فبعد الموت لا يشعر الإنسان بجسده أو أنه في حالة من فقدان الشعور فلا يستطيع التفريق بين رجله ويده.

وتنتهي القصيدة بكلمة (ضياع) وما تحمله من دلالات سلبية من فقدان الذات لنفسها ومكانتها، فضاع الطريق وضاعت أحلامه معه، ونجد أيضاً أنه أسقط الضياع على خطواته في الطريق كأنه يمشي في طريق دائري، وهو في ظنه أنه سوف يصل في النهاية إلى الراحة، ولكن النهاية جاءت صادمة فقد ضيعّ خطواته في ذلك المسار الدائري، ويتساوق ذلك مع تلك الدّوامة الدائرية التي حملتها خلفية ذلك النص.

وهذا الرابط يشتمل أيضاً على شريط متحرك جاء باللون الأصفر والأحمر كذلك من أجل أن يجذب انتباه المتلقي، رغم أن الشاعر يُصَدِره (جملة) عاجل قليلاً، ولكنّ المضمون هنا ذو أهمية كبيرة في توضيح دلالة النص العامة، فنراه يقول «....،...... ستذبح خطوتي كل لقيط ينز بدربي،،، فأرضي تدر الزناة... فهي موبوءة بالمغول!!!».

فهذا النص يؤكد أن الشاعر ما زال متمسكاً بقضيته تجاه وطنه والدفاع عنه، ولكنّ هذا التمسك يتضاءل أمام أولئك الخونة الذين يشبههم بالمغول في تخريبهم وإفسادهم.

ويتشعب هذا الرابط بدوره أيضاً إلى أربعة روابط أخرى نشطة، يحيل الأول منها إلى واجهة القصيدة، بينما ينقلنا (الثاني/ متن) إلى القصيدة الأولى، بينما يتشعب (الثالث/ مكابرة)، و(الرابع/ هامش) إلى نصوص وروابط تشعبية، كما بالشكل السابق ننتقل إلى رابط جديد يحمل نصاً شعرياً من شعر التفعيلة يتحدث فيه الشاعر عن غربته، ويبوح عن ألمه وحزنه من خلال معانيه المتنوعة التي تظهر في (تحاصرني المنايا والشظايا) وهي دلالة على الدمار والضياع والهلاك، وكذلك (ولكني على ما بي أداس و...) وهي دلالة على القهر والظلم، وجميع ما ورد في القصيدة من معانٍ يرتبط بالدلالة العامة.

وقبل الخروج من هذا الرابط نلتقي بذلك الشريط المتحرك الذي يتكرر دائماً، ولكننا نلاحظ هذه المرة أنه ورد باللون الأزرق، كما صدره الشاعر بجملة لا تحتاج إلى العجلة، وكأن المتلقي أصبح يعتاد كل الأحداث التي تقع، فنراه يقول بداخله «لا تحتاج إلى العجلة... ليس لي: أن أسل الحنين... والدموع التي طرزت غمد هذا الشجن... أثثت فوق وجه الأسيل... لي بقايا وطن.

ليس لي: أن أهز الخيال... والدروب التي فقأت بؤبؤ الذاكرة... أورثتني الخريف فاسّاقطت ثمر الذكريات.

ليس لي أن ألفَّ الجراح... والدماء التي أمطرتها العروق... طرَّزت في أكف الضّماد فوهات النزيف».

ونلاحظ من مضامين الكلمات التي وردت داخل هذا الشريط أن

الشاعر ينقل لنا بالتفصيل الأوضاع التي آل إليها الوطن، ونراه يؤكد ذلك من خلال جملة (لي بقايا وطن)، وكذلك (والدماء التي أمطرتها العروق) وكأن هذا الوطن لا يحمل إلا الصراع والخراب والموت.

ويتشعب هذا الرابط أيضاً بدوره إلى ثلاثة روابط أخرى نشطة هي رجوع والمتن وكذلك التوبة الذي يعود بنا مرة أخرى إلى الرابط السابق لنستطيع من خلاله أن نلج إلى (الرابط/ هامش) كما في الشكل رقم (3) لنبحر من خلاله إلى نص جديد يحمل معنى جديداً، حيث نلتقي بذلك النص الشعري الذي يحمل دلالات التَّفَرُّق والشتات أيضاً، ويبدو ذلك من خلال جملة (بعض من الثمر الضال والثمر الناضج، والثمر القابع)، فهذا الوطن يحوي أشكالاً وأصنافاً متعددة من الناس، منهم من يدافع عنه، ومنهم من يخونه، والشاعر هنا مهموم بتجسيد تلك الصورة يتعاضد ذلك مع الوسيط البصري الذي حمل خطوطاً متفرقة متنوعة وكأنها تشير إلى ذلك التعدد بين أبناء هذا الوطن.

ويعود الشاعر مرة أخرى إلى اعتماده على اللون الأصفر مع الأحمر في الشريط المتحرك، ولكنه يؤكد أيضاً عدم العجلة كما أن الحقائق قد تكشّفت أمام الجميع، وأصبح أمر هذا الوطن مباحاً، ذلك كما يبدو في كلمات الشريط المتحرك الذي يقول فيها:

«لا داعي للعجلة......... لا تعي خطواتي أين رأس الدوائر؟؟؟... فالطريق يحدّب أضلاعه... يميل عليّ... أراوغه مثل أرجوحة في مهب الصرير... مرَّةً قبله... مرَّةً بعد... أين أمضي إذن؟؟؟ والمغول ينوخ بأهدابه...!!!».

ومن خلال هذا النص نجد أن الكاتب يؤكد تمسكه في الدفاع عن وطنه، ومحاولة رد كل من يعبث به.

وفي نهاية هذا التشعب الممتد من أيقونة ضلوع البوح الأولى حتى آخر رابط فيه، نجد أن القصيدة اكتسبت – بتأثير التقنيات الرقمية المتعددة – حيوية، وهذه التفاعلية اختلفت تماماً عما كان يقدمه النص الورقي الذي كان يتوقف دور المتلقي فيه عند القراءة وتقليب الصفحات فقط، بينما يتجلى عنصر التفاعل هنا في الإبحار والتقليب والاختيار والرجوع، وكل ما يمكن أن تضيفه الرقمنة من سمات متعددة.

روابط ضلوع البوح الثاني:

تتشعب القصيدة كذلك في ضلوع البوح الثاني إلى عدة روابط تكوّن نسيجها وتشكيلها الداخليّ، وهذه الروابط تتخذ مسارات متنوعة، وغير منتظمة في الوقت نفسه، لانتفاء صفة السطرية داخل القصيدة ومن ثم يمكن استعمال الرابط كمفتاح مروره، إما للأمام أو الخلف، أو كونه يحمل نصاً لغوياً، أو وسيطاً من الوسائط المتعددة، فعندما نضغط على ضلوع البوح الثاني كما يطلب الشاعر، نجد أن تلك الضلوع تنقلنا إلى رابط آخر يحمل نصاً شعرياً، لعله يعد أطول النصوص الشعرية داخل القصيدة، وذلك كما يبدو في الشكل التالي:

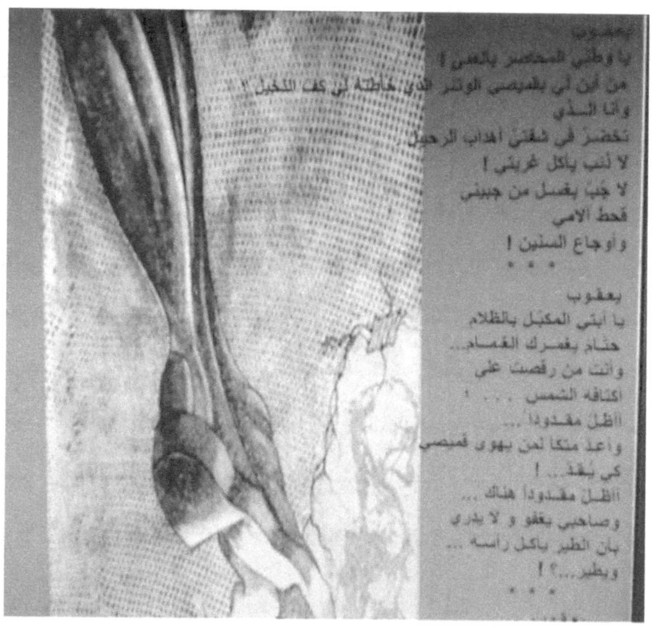

شكل رقم (4)

ففي هذا الشكل نجد عديداً من الوسائط المتعددة، من صوت وصورة وحركة، وكل ذلك يتحد مع النص اللغوي الذي عبر الشاعر من خلاله عن محنة وطنه الحقيقية، بل جعله البؤرة المركزية للنص، والتي تدور حولها جل الدلالات في القصيدة، فالشاعر هنا يشبه وطنه بسيدنا يعقوب، وهو يستدعي قصته مع ابنه سيدنا يوسف، لينقل من خلالها قدر المعاناة التي تحل بوطنه، فيقول منذ البداية

(يعقوب يا وطني المحاصر بالعمى) وهي دلالة على كثرة المخربين داخل هذا الوطن، ويؤكد هذا خلال بداية المقطع الثاني من القصيدة الذي يقول فيه (يعقوب يا ابني المكبل بالظلام)، وكأن هذا

الوطن أصبح مقيداً من كثرة ما يلاقي من ظلم وفساد، لكن الشاعر رغم ذلك لا يستسلم، فسوف تتجلى تلك العتمة ويرجع للنور مرة أخرى إلى الوطن مثلما رجع بصر سيدنا يعقوب.

والشاعر في كل هذا يعتمد المؤثرات الرقمية التي من شأنها تأكيد المعنى، والعمل على زيادة تأثيره، فهو يجعل الكلمات تتلون باللون الأسود، ويجعل الخلفية باللون الأخضر الغامق الذي يشي بالخوف والترقب، ويعود في أعلى صفحته ذلك الشريط باللون الأصفر، متضمناً بعض الجمل الشعرية، وكل ذلك يرتبط بما يحققه البعد البصري المتمثل في صورة ذلك القدم من دلالات، ليصل المتلقي في النهاية إلى الصورة العامة والنهائية التي أراد الشاعر أن يصورها.

وبالنظر إلى النص نجد الشاعر يكرر نفس الشريط المتحرك بخلفية صفراء وكلمات مكتوبة باللون الأحمر، وكما يبدأ في كل شريط متحرك بكلمة عاجل وجاء قوله في المتحرك «عاجل:......... قامتي تعرف أن الطريق إلى بابها موصدة الرحيل،.. وتعلم أن البقاء هنا مثل أرجوحة أسلمتها يداها لصبيان هذي البلاد الشحيحة».

فالشاعر هنا اكتفى بكلمة عاجل للفت الانتباه إلى المكتوب، فنجد الشريط المتحرك في فضاء النص التفاعلي به شيء من التخبط والحيرة، فهل يرحل تاركاً وراءه وطنه مستسلماً خاضعاً مذلولاً؟، وتمثل ذلك في جملة (الطريق إلى بابها موصدة الرحيل)، أم يظل يصارع ويكافح من أجل وطنه، وينقذه من أيدي المخربين على الرغم من أن بقاءه لا جدوى منه؛ إنه لن يصل إلى معجزة تنقذ الوطن من

الخراب والدمار، فأصبح أبناء الوطن مهترئين خاوين، لا يستطيعون فعل شيء، وكأن اليأس والحزن أصابهم، فجاء النص في الشريط المتحرك يحمل مضامين وشفرات عن (الرحيل/ المقاومة)، (الدفاع، الترك) تجسدها ذاتية الشاعر من خلال كلماته.

وهذا الرابط يحمل في طياته أيضاً أيقونتين تعبران عن رابطين:

الأول: رجوع يعود بنا إلى الصفحة الأولى.

بينما الثاني: ينقلنا إلى رابط آخر جديد، ونص آخر مغاير، وذلك عند الضغط على أيقونة (حاشية)، والتي جاءت باللون الأخضر كما بالشكل السابق، وكأن هذا اللون هو إشارة للعبور والولوج إلى النص التالي، وذلك كما يلي:

صورة رقم (5)

141

وفي هذا الشكل نلتقي بقصيدة عمودية، يحاول الشاعر من خلالها أيضاً أن يؤكد دلالاته العامة، ويرددها مراراً وتكراراً داخل قصيدته، يظهر ذلك كلماته (سيسرق ماءك) وكذلك (ويخنق موجك)، و(يكور المنايا)، فالشاعر على طول القصيدة لا يمل من الحديث عن الوطن وما أصابه، ويصر على نقل حالة الحزن والألم والضياع وكذلك الاغتراب التي يشعر بها، يأتي ذلك متناسباً مع تلك الخلفية التي وضعها لهذا النص، والتي تبدو كأرض جافة مليئة بالشقوق، وكأنها هي صورة الوطن الضائع.

وأما في هذا الرابط فجاء النص الشعري يحمل نفس الشريط المتحرك بنفس الشكل واللون المتكرر ما عدا السرعة، فلقد خفت سرعة وتحرك الشريط وكتب فيه الشاعر (عاجلاً قليلاً) فهو بالحد من هذه السرعة يريد المتلقي أن ينتبه إلى مسيرة الكلمات في الشريط وما تؤول إليه فيقول:

«ما جلا قليلاً:......... قامتي آيلة للذبول... تلوك عصافير أوراقها؛ لئلا تظلّ بخيط العوانس... ترفع أوصالها...».

الشاعر هنا يرمي إلى أن قامته ذبلت وكسرت، فمن ريعان الشباب إلى الكهل العجوز (هو هنا ليس عجوزاً ولكن أصبحت قامته محنية مثل الكهل العجوز)، وهو يدعو أن المظاهر خادعة، فالوطن ليس حراً، الوطن إنما الوطن محتل، ويجب أن يتدارك أبناء الوطن ذلك الأمر، وعليهم ترك الأمور والشؤون الفرعية والعيش تحت راية وسماء الوطن والمحافظة عليه.

وتبعاً لحالة التشعب الرقمي التي يخضع لها النص، نجد أن هذا

الرابط ينقسم كذلك إلى أربعة روابط نشطة، يشير الأول منها إلى الرجوع لضلوع البوح، بينما ينقلنا الثاني إلى الرابط السابق، بينما (يتشعب الثالث/ نصيحة) إلى رابط/ نص جديد وكذلك (الرابع/ هامش).

فعند الضغط على الأيقونة (نصيحة) نجدها تنتقل بنا إلى نص شعري مصغر، ورابط آخر جديد يقول فيه الشاعر «قريتي جففي نهرك، فنهرك صاف، والنهر الصافي يفضح أسماكه».

ونلحظ في هذا النص أن الشاعر بدأ في البوح عن حالة الرجاء والأمل التي يربطها بوطنه، لأن هذا الوطن في النهاية لا بد أن يفضح كل الخونة داخله، ويتحرر من قبضتهم. ويؤكد الشاعر هذا المعنى من خلال كلمات الشريط الأصفر المتحرك أعلى الصفحة، والذي جاء فيه «بلا عجلة، الطيور التي تعشق العش... لا تستحق الجناح، الغصون التي طأطأت رأسها... لا تحب السمار، الليل الذي يكره الشمس... لا يستحق الصباح»، فهذه الكلمات تدعو إلى التفاؤل وتجديد الأمل، وهو ما أراد الشاعر التأكيد عليه داخل هذا الرابط تحديداً.

وفي هذا الرابط أيضاً نجد عدة روابط أخرى جميعها نشطة، فنجد الرابط الأول رجوع، بينما الثاني المتن، والثالث أوبة، والرابع حاشية، بينما الخامس هل ترغب بنصيحة أخرى؟ بينما السادس والأخير لا أرغب بنصيحة أخرى.

والرابط هل ترغب بنصيحة أخرى، يحيل بدوره إلى نص شعري جديد، وهذا النص يشيع جواً من الأمل والطمأنينة، ويرتبط بالدلالات التي وردت في النص السابق، فذلك (الرذاذ من النور) سوف يعبر

بالبلاد ويخلصها من ظلامها، وذلك كما أخبرت الشاعر جدته وأقنعته بأن (الغيوم ستحنو)، وأن (الصباح سوف يصحو)، وهي جميعها دلالات تشير إلى اقتراب تحقق الأمل، وانجلاء الظلم والقهر عن هذا الوطن.

وفي هذا الرابط نجد الشاعر في نصه الرقمي أورد شريطاً متحركاً حاملاً لنفس الشكل واللون، ويبدأ من خلاله بجملة (بلا عجلة قطعاً) فتلك دلالة على الصبر والتأني، فلا تستعجل وانتظر وانظر جيداً فجاء قوله:

«بلا عجلة قطعاً:... عندما ينزف الصبح أضـواءه... يستفيق الغروب. الليل الأسود يكره أحداق النجوم؛ لأنها خطوات صبحٍ آتٍ.

الفجر... وليد... الليل

السماء تمطر دوماً لكن الأرض تموت في زمن الأمجاد... الموتى تبحث عن تابوت».

فالنص يحمل العديد من الشفرات والدلالات على أن الصبح بعد ليل (سماء سوداء بعدها سماء مشمسة)، وكل ذلك دلالة على اقتراب تحقق الحرية ونصرة الأمل، وأنَّ في المطرة خير وقوة، فيجب الاستنفاع منها، وذلك دلالة مشفرة تحمل في طياتها الاتحاد، فيجب توظيف ذلك المطر الذي ينعكس على قوة أبناء الوطن ومحاربة صفوف العدو والمخربين والتصدي له، ومن هنا يبزغ شعاع الأمل والحرية في نفوس أبناء الوطن. وهذا النص كذلك يرتبط بعدة روابط

نشطة، ولكن جميعها يعود بالمتلقي إلى الخلف إشارة من الشاعر بانتهاء روابطه عند هذا الحد، حتى نرى أحد هذه الروابط يحمل جملة (لا تدمن تعاطي النصائح) وكأن الشاعر لا يريد داخل هذا الرابط أن يقدم نصوصاً أخرى.

وإذا ما قمنا بالعودة قليلاً إلى الرابط (هامش) فسوف نلتقي كذلك بنص جديد مقتضب يقول فيه الشاعر «أشجار الزيتون قطعت أوراقها لأن الربيع رحل». وهذا النص يرمز الشاعر من خلاله إلى دلالات السلام والمحبة بما يحققه رمز أشجار الزيتون.

هذه الدلالات تتساوق مع ما جاء داخل الشريط الأصفر الذي ورد في هذا الرابط والذي يذكر فيه الشاعر «لا داعي للعجلة... قامتي مقبرة... تستميت على أهلها الميتين... تشاطر تابوتها/ الظل محملة.. لتجعل كل الصباحات.. فيء مساء»..

فهذا النص يوضح أن العجلة غير ضرورية ما دامت الأمور قد اتضحت للجميع، كما أنه يشير إلى ضرورة التمسك بالأمل والاستماتة على الوطن، وأن تتنفس الحرية ويستطيع يوماً ما القول لكل معتدٍ مخرب حقه وهو الموت والدفن في قبور الوطن.

2 – الروابط غير النشطة:

وتظهر الروابط غير النشطة داخل قصيدة (تباريح رقمية) منذ بدايتها متمثلة في الأيقونات على الواجهة التي تحمل كلمات (أيقنت أن الحنظل موت يتخمر)، فعند تحريك مؤشر الفأرة على تلك الأيقونات

– كما في شكل رقم (1) – ودون الضغط عليها يظهر لنا النص المختبئ تحت هذه الكلمات، ولكنها في النهاية لا تتشعب إلى روابط أخرى، بل تتوقف عند إظهار النص الذي بداخلها، وذلك كما يلي:

فعند النظر إلى الأيقونة/ الرابط السابق نجد أنه يحمل نصاً شعرياً، عند الاطلاع عليه نجده يتعلق بما تشير إليه القصيدة من مضامين، فأيقونة (أيقنت) تظهر تلك الكلمات على النحو التالي «أيقنت/ حين قرأت جملة (كتاب الدنيا)/ أن الناس توابيت/ والأحلام برأس الموتى/ كـ (طراز القبو/ المنقوش بأحلى مرمر/ والعطر المنثور على أبواب اللحد/ وبخور الأعواد الثكلى/ تنزف عنبر/.... أيقنت: أن المولودين ضحايا/ ونعيش/ لكن... كي نقبر)».

وهذا النص الشعري عند محاولة تفكيكه واستجلاء معانيه نجده ينقل لنا حالة الحزن والألم المسيطرة على الشاعر جراء ما يلاقيه من دمار وخراب داخل وطنه، فجملة (أن الناس توابيت) تنقل لنا مجسدةً صورة هذا الدمار، وحتى الأحلام التي ربما كانت تراود رأس الشاعر أصبحت تشبه الموتى، وتشبه القبور، وكأن شيئاً منها لم يتحقق، وتأتي كلمات مثل (القبر، اللحد، الثكلى، ضحايا، نقبر) لتؤكد تلك الدلالات وتربطها بالمضامين العامة للقصيدة.

وكذلك عند الضغط على أيقونة (أن) نجدها تحتوي كذلك على

النص التالي «إن الملوك إذا دخلوا قرية أفسدوها/ وأرضي تنث ملوكاً/ كان آخر من أورق فيها..... ملك الموت». فهذا النص عندما نطالع كلماته نجدها تتجه نحو تأكيد دلالات الدمار والخراب، اللذين ينتهيان بالموت، وهي معانٍ تصور حال ذلك الوطن الضائع، وبمجرد الخروج من هذه الأيقونة وتحريك المؤشر على الأيقونة التي تليها والتي تحمل اسم (الحنظل)، نجد أنها تحوي كذلك نصاً شعرياً يرتبط بما يريد أن يبينه الشاعر من دلالات، فنراه يقول «الحنظل: أدمن هموم المنصاعين لبوح الحزن، فتحنظل»، وهذه الكلمات توحي بالمرارة والألم من خلال كلمات (الحزن، والهموم، والحنظل) وكأن الشاعر يصر على تتابع تلك الدلالات التي يجب على المتلقي أن يقترب منها ويشعر بها من أجل إحساسه بما يحدث في ذلك الوطن العراقي.

وتأتي الأيقونة (موت) لتحمل كذلك الدلالات السابقة نفسها من خلال ما تتضمنه من نص داخلي يقول فيه الشاعر «موت يعدو، ماذا يبغي هذا العداء المسكين؟»، ثم نتجه في الأخير إلى آخر أيقونة يحملها هذا الرابط، والتي تتمثل في كلمة (يتخمر)، والتي تظهر دلالات نصها الداخلي بما يشعر به الكاتب من غربة واغتراب داخل هذا الوطن، حيث يقول «يتخمر ظلي في الغرفة، وأنا عارٍ في طرقات الروح/ أتلمسني/ لعل الغربال المتلفع جلدي/ يوقظ ظلي/ الموغل في التوحيد بدوني/ كي يشرك بي». هذه الكلمات كما نرى تعكس غربة الشاعر، وحيرته تجاه وطنه، وكأن الشاعر في حالة بحث عن نفسه كما أشارت بذلك كلمة (أتلمسني)، إنها محاولات الشاعر البحث عن وطنه المفقود.

لقد عملت الروابط غير النشطة في هذه القصيدة على نقل الدلالة، ووصولها إلى المتلقي كذلك رغم كونها لا تتسم بالتشعب، لكن سمات الظهور والاختفاء التي صنعها لها الكاتب جعلها تتسم ببعض التفاعلية، فالمتلقي لا يمكنه التعرف إلى ما بداخلها بدون تحريك المؤشر عليها «إذ يمكن القول إن الشاعر باعتماده على تقنية الظهور والاختفاء التي رافقت تباريحه من البداية حتى النهاية، سواء بتعويم النصوص أو بجعلها تختفي ثم تظهر في حركة دورانية (الأشرطة المتحركة) استطاع بكل ذلك أن يلفت انتباه المتلقي، ويجعله أكثر تركيزاً للبحث عن طريقة تمكنه من الإمساك بتلك النصوص، خاصة الطويلة منها التي لا يمكن التقاطها بسرعة»[7].

وفي نهاية القصيدة يطالعنا الشاعر بعدة روابط أخرى غير نشطة تتمثل في:

«إياك

أن

تقترف

الأمل».

وهذه الكلمات التي تحملها الأيقونات المانعة تخبئ خلفها بعض النصوص المقتضبة التي تعد ومضة شعرية كما أشرنا من قبل.

ونلاحظ هذه المرة أن دلالة هذه الأيقونات تغاير ما ورد من دلالات في النص الأصلي، فإذا كان هذا الأخير يتجه إلى السلام

والأمل فإن هذه الأيقونات تؤكد عدم التمسك بهذا الأمل، فعند الضغط مثلاً على أيقونة (إياك) يظهر ذلك النص الذي يقول فيه الشاعر «إياك أن تبتكر سنبلة... فالأرض صلعاء... وفحيح القحط يُغني... الخلود لي!!!!».

فما يظهر داخل هذه الكلمات يدل على عدم تحقق الأمل، ذلك أن الأرض أصبحت خراباً، ويؤكد هذا المعنى ما ورد داخل الأيقونة الثانية (أن تحيا!!... أمل موصد) وكأن الحياة تستحيل على أرض هذا الوطن.

بينما نجد أن الأيقونة الثالثة (تقترف) تمنع حتى مجرد التفكير أو البوح، وهو كما يقول الشاعر «تقترف البوح!!!... والكلام مرتجف على شفتيك؟؟؟... إذن سينمو عليك الصخر في وضع الانتظار»، وفي النهاية يؤكد الشاعر عدم تحقق هذا الأمل الذي أصبح كظل فسيح كما ورد في الأيقونة الأخيرة/ الأمل.

ويمكننا تتبع مسارات القصيدة وروابطها المتنوعة عبر المخطط التالي:

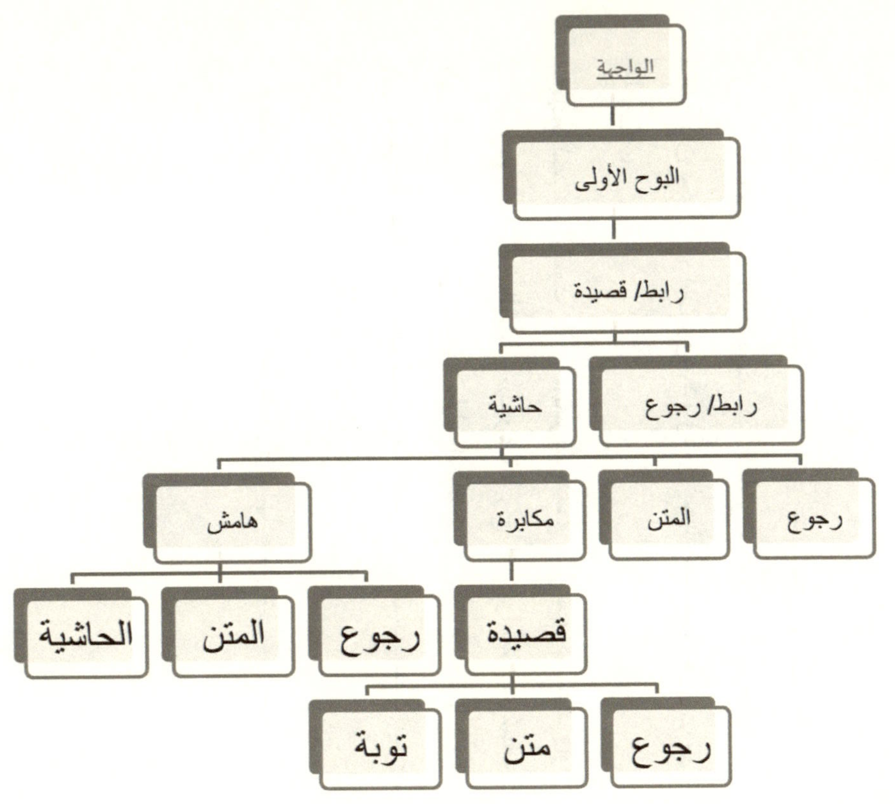

الواجهة
البوح الأولى
رابط/ قصيدة
حاشية
رابط/ رجوع
مكابرة
المتن
رجوع
هامش
قصيدة
الحاشية
المتن
رجوع
رجوع
متن
توبة

الواجهة
البوح الثانية
رابط أ/ قصيدة
رجوع
حاشية
رابط/ قصيدة
رجوع
المتن
نصيحة
هامش
رجوع
متن
حاشية
رابط/ قصيدة
رجوع
المتن
أوبة
حاشية
هل ترغب في نصيحة أخرى؟
لا أرغب في قصيدة أخرى
قصيدة/ رابط 2
رجوع
متن
أوبة نصوح
حاشية
لا تدمن تعاطي

ثالثاً: الوسائط المتعددة:

أصبحت الوسائط المتعددة بفضل ما أتيح لها من إمكانات تكنولوجية حديثة، عمادة رئيسة داخل نصوص الأدب الرقمي، إذ بها يتمكن الكاتب من أن ينفذ إلى موضوعه بشكل أكثر وضوحاً وأقـرب دلالـة، فلم تعد اللغة – مع ذلك الطوفان الرقمي – تعبر بمفردها عن مضامين النص، بل هي جزء من عدة وسائط بصرية، وسمعية، وصوتية، وحركية تتشابك مع بعضها بعضاً، وتتفاعل من أجل إيصال الدلالة «بالطبع فإن الصورة تركز على أكثر من حاسة، والموسيقى كذلك تنتج عنصر التخييل الذي يضفي الصورة الذهنية المباشرة على عقل القارئ، بالإضافة إلى الصور الجزئية والصور الكلية التي تنتجها القصيدة من خلال البلاغة وسحر التصوير، علاوة على أن هذه القصائد الجديدة تمتاز بالتكثيف، ولعل قصيدة الومضة أو الأبيجراما الشعرية والقصصية هي من نتاج تلك الميديا التي تعتمد السرعة كذلك والتركيز البصري والعقلي واستخدام الوسيط الإلكتروني كعلامة لتصل بين الدوال والمدلولات»[8].

وتزيد هذه الوسائط من درجة التفاعل تجاه النص، إذ تعمل على تشغيل وإثارة كافة الحواس لدى المتلقي، فعليه أن يكون مستمعاً ورائياً ومحركاً، ومتنقلاً بين عناصرها المتنوعة، ومن ثم يصبح المتلقي من خلالها مبدعاً موازياً لمبدع النص الأصلي، إذ إن تأويله لها – الوسائط – وتفسيره لما تحمله من دلالات يرتبط بوجهة نظره الخاصة، وآرائه الشخصية.

وعند النظر إلى قصيدة (تباريح رقمية) نجد أن الشاعر اعتمد فيها

أكثر من وسيط، ووظف عنصر الحركة واللون والصورة وغيرها من العناصر التي أفادت كثيراً من التقنيات الرقمية، بل أصبحت أكثر إثارة وتميزاً، ومن أبرز تلك الوسائط التي يمكن الوقوف عليها داخل قصيدة تباريح، ما يلي:

1 – الوسيط البصري:

لقد جعل الدكتور شاكر عبد الحميد في كتابة عصر الصورة، ذلك الوسيط من أكثر الوسائط ارتباطاً بالنص الرقمي، وكذلك أكثرها انتشاراً في عصرنا هذا، إذ أصبح كل شيء متعلقاً بالصورة في ظل هيمنة وسائل الإعلام والاتصال المتعددة، هذا بالإضافة إلى اشتغال البصر كأبرز حاسة من حواس الإنسان، ولذلك كان على الشاعر مشتاق عباس معن أن يهتم بتوظيف ذلك الوسيط كأكثر الوسائط التي وردت داخل قصيدته، فمنذ واجهة القصيدة على سبيل المثال، فإننا نلتقي بذلك الوسيط البصري المتمثل في (رأس تمثال) تلجمه بعض الأشرطة، وهذا الوسيط استطاع الشاعر من خلاله أن ينقل لنا إيحاءات الألم والقهر، كما ذكرنا من قبل في حديثنا عن واجهة القصيدة، وهذا البعد البصري تساوى إلى حد كبير مع الألوان التي حملتها واجهة القصيدة، وإذ جاء الأزرق الذي يشير إلى الدلالات السيئة دائماً مع الأحمر الذي يشير إلى الصراع، والأصفر الذي يشير في الغالب أيضاً إلى التوتر والصراع، وجميع تلك الدلالات ظهرت في سياق الواجهة، وارتبطت كثيراً بما تشير به صورة هذا التمثال، فهو «رمز للذهبية الغربية المعفرة بألوان العذاب من هول الفجائع التي ألمت بها من أيام الحرب الإيرانية العراقية والحرب

الأهلية اللبنانية، ومأساة مخيمي صبرا وشاتيلا، وهي الأحداث التي دفعت النحات (سامي محمد) إلى إنجاز منحوتته تلك لتضاف إلى أعماله الأخرى المستمدة كلها من القهر الإنساني، وصولاً إلى الأزمة العراقية المعاصرة»[9] وهذا الوسيط يجعل المتلقي يستشعر تلك الدلالات التي تبوح بها نصوص تلك القصيدة في رصد مأساة القضية العراقية.

وعند النقر على ضلوع البوح الأولى في القصيدة والدخول إلى الصفحة التي يحملها ذلك الرابط، نجد أنه يحتوي على النص الشعري (في مدار عتيق) وهذا النص أرفق معه الشاعر ذلك الوسيط البصري (لوحة الساعات اللينة) التي من خلالها نستشعر دلالات الضياع والتوقف، وذلك كما في الشكل التالي:

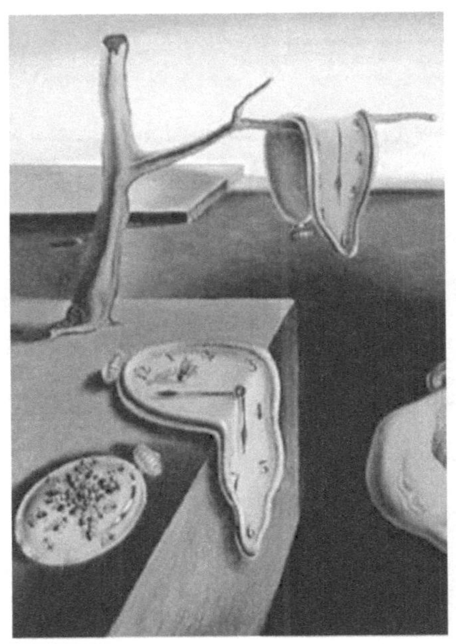

شكل رقم (أ)

هذه اللوحة «مأخوذة عن لوحة استمرار الذاكرة، والتي تعتبر من أشهر الأعمال التصويرية للسوريالي سلفادور دالي (1904م – 1989م)، والتي نفذها عام 1931م، واشتهرت أيضاً تحت تسميات متعددة منها (الساعات اللينة)، واستمرار الوقت، (والساعات الذائبة)، وهي من مقتنيات متحف الفن الحديث (MOMA) بمدينة نيويورك»[10] .

فتلك اللحظات الثابتة، والساعات المتوقفة التي تبوح بها تلك اللوحة ما هي إلا تعبير عن حالة هذا الوطن الذي أصبح عاجزاً عن كشف خائنيه، وهي صورة أخرى تظهر تعطل وتوقف كل شيء داخل هذا الوطن، إذ لا جديد ولا تقدم، بل هو ألم وضياع وحزن فقط.

وتبدو ملامح التصحر والفضاءات البعيدة داخل هذه اللوحة مع تلون الأرض بسواد يصاحبه اصفرار، وكل تلك الملامح تحاكي دلالات الفقد والاغتراب وكذلك الضياع، ويرتبط ذلك مع دلالات النص الشعري المصاحب لتلك اللوحة، والذي تظهر فيه جمل (أدلجت عتمة)، و(أربكتها الدروب) وهي توحي بنفس تلك الدلالات التي أشار إليها ذلك الوسيط البصري المصاحب لها.

ويمكننا ملاحظة ذلك التفاعل بين وسائط النص البصرية والصوتية من خلال الرابط الثاني في ضلوع البوح الأولى، فعند الوصول إليه نلتقي بنص (ولقد مشيت) وهذا النص يشير إلى التيه والتخبط وعدم الانتظام، وهذه الدلالات تتناسب بشكل كبير مع ذلك الوسيط البصري الذي رافقها، والذي يبدو على شكل دوامة تتلون

باللون الأزرق مع الأسود، وهذه الدوامة هي ما يختلج بنفس الشاعر، تجاه وطنه، فلا هو يعرف كيف يمضي ولا إلى أين يسير، لأن طريقه — كما ذكر في النص الشعري — طريق ضائع، وضاعت معه خطاه، وهذا الضياع ظهر واضحاً بشكل أكبر مع ذلك الوسيط البصري الذي يشير إلى الدوامة.

ويتجدد التفاعل في كل رابط من روابط تلك القصيدة، التي تجسد ذلك التوافق الدلالي بين الوسيط البصري والصوتي في الرابط (هامش) من ضلوع البوح الأولى، إذ إن النص الشعري يشير إلى تفرق أبناء الوطن، وانقسامهم إلى ألوان وأنواع شتى، فمنهم الثمر الضال، ومنهم الثمر الناضج، ومنهم القابع في الأغصان، والشاعر من خلال ذلك يريد أن يشير إلى تنوع الانتماءات داخل وطنه، فمنهم من يدافع عنه، ومنهم من يخونه، ومنهم من ينتظر في سكون، وجميع الدلالات التي أشارت إليها القصيدة، تتوافق بشكل كبير مع الوسيط البصري الذي يصاحبها، إذ تظهر بعض الخطوط المتنوعة المتداخلة فيهما بينها على خلفية زرقاء، وهذه الخطوط مع كثرتها وتداخلها، وتلونها كذلك بالأبيض مع الخلفية الزرقاء أوحت عبر تداخلاتها المتعددة بدلالات التعدد والتشعب التي أشار إليها النص الشعري، ولهذا جاء ذلك الوسيط معبراً عن مضامين الشاعر، فلو أننا قمنا بانتزاع النص الشعري وحاولنا قراءة الصورة بشكل مستقل لتوصلنا إلى دلالات قريبة إلى حد ما من تلك التي ارتبطت بذلك النص. يظهر أيضاً تأثير الوسيط البصري مع ضلوع البوح الثانية، حيث يعبر — كما عبر من قبل — عن الدلالات العامة المرتبطة بالقصيدة، وهذه الدلالات

ترتبط بكل الوسائط التي أكد الشاعر حضورها داخل قصيدته، فعند النقر على ضلوع البوح الثانية نلتقي بنص (يعقوب يا وطني المعاصر) وهذا النص – يوضح كما ذكرنا – دلالات الظلام والضياع التي يعاينها الوطن، وكل هذا يتوافق مع الوسيط البصري الذي يحمل صورة قدم تسير على أرض قاحلة مشققة كما في الشكل التالي:

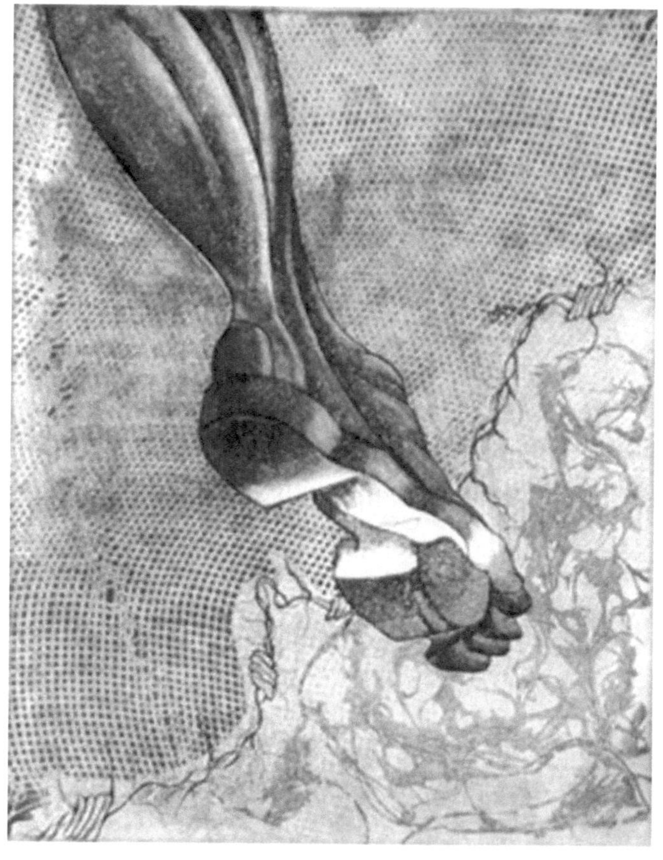

صورة رقم (ب)

هذه القدم تحاول المضي قدماً في عناد شديد، وهو ما يظهرُهُ شكل العضلات والعروق التي توحي بقوتها، ولكنها في الوقت نفسه تمشي على أرض مشققة وقاحلة، هذا المشي كلفها اقتطاع جزء منها، وكأن الأرض هي التي أخذت هذا الجزء. كل ذلك جاء متوافقاً مع النص الشعري الذي يصور محنة سيدنا يعقوب وسيدنا يوسف، ولكن هذه المحنة ما تلبث أن تنجلي، وكأن الوطن هو ذلك القدم صاحبة تلك المحنة وقد عانت كثيراً حتى اقتطع جزء منها، ولكنها في النهاية سوف تصل إلى مرادها كصورة أخرى لانتصار الوطن، وانتهاء ما به من ظلم وألم.

ويشارك الوسيط البصري مع الصوتي في اكتمال الدلالة وتأكيدها كما نرى في الرابط (حاشية) من ضلوع البوح الثانية، فتظهر صورة يد بشرية بَيْدَ أنَّها اصطبغت باللون الأسود القاتم، وهي تنسدل فوق أرض مشققة خالية من أي شيء آخر غير هذه الشقوق، هذه اليد ربما تشير – في تصور الكاتب – إلى تلك الأيادي الخائنة التي تندس داخل هذا الوطن، إذ نراه يقول في النص الشعري المصاحب لهذه الصورة (سيسرق ماءك الرقراق جرف)، و(يخنق موجك)، و(يكور في حناياك المنايا)، وهي جميعها صورة توحي بالخيانة والتخريب ومحاولة الهدم، وهذه الدلالات تعبر عنها – إلى حد ما – صورة تلك اليد السوداء التي تشبه إلى درجة كبيرة صورة وحش ما، أو قدم حيوان لما يغطيها من شعر ذي لون أسود غامق.

وإذا كانت صورة اليد تشير إلى من يقوم بالتخريب داخل هذا الوطن، فإن تلك الأرض المشققة ربما تشير إلى ذلك الوطن نفسه،

فالتصدعات التي تحملها هذه الأرض هي تصدعات الوطن وأحزانه وآلامه على ما يبدو من خلال تلك الصورة.

الرابط (نصيحة) يحمل أيضاً وسيطاً بصرياً في شكل صورة صحراء جرداء، تلونت باللون الكلاسيكي الأبيض والأسود، هذه الصحراء يبدو فيها أثر أقدام تدل على المسير، وهذه صورة في معطياتها تتوافق مع صورة الوطن الذي يتعامل من خلاله الجميع، ولكنه ما زال ضائعاً جافاً وقاتماً أيضاً، وهو ما أظهره ذلك اللون الرمادي الذي غطى خلفية تلك الصورة.

وعندما نصل إلى آخر رابط داخل ضلوع البوح الثانية الذي تحمله أيقونة (هامش) نلتقي بذلك الوسيط البصري الذي يحمل صورة وجه متساقط بين أغصان متعددة، وأكثر ما يظهر من ملامح هذا الوجه هو صورة العينين اللتين يبدو عليهما الذبول والضعف، وهما تنظران في شرود، وذلك كما في الشكل التالي:

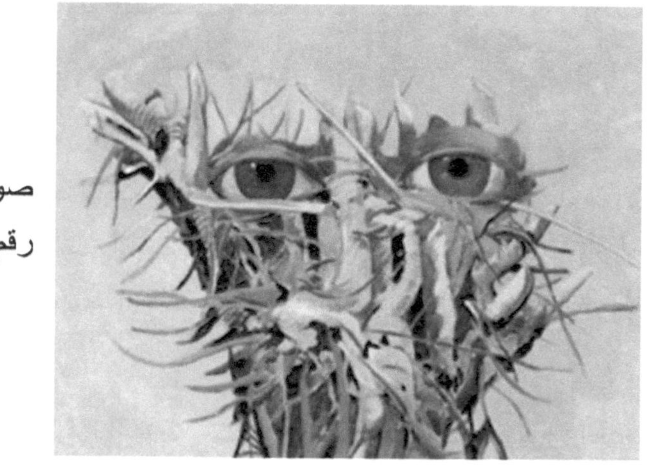

صورة
رقم (ج)

فهذه الصورة – بما ترتبط به من نص لغوي – تعبّر عن شتات هذا الوطن وضياعه بين مسارات واتجاهات وانتماءات متعددة، ولعل صورة تلك الأغصان اليابسة تنقل لنا دلالة القحط، وربما عبرت هذه الصورة عن نفس الشاعر، وما يمكن أن يعتريها من حزن وألم على هذا الوطن.

وهو ما يدفعنا إلى القول: إن الوسيط البصري استطاع أن يشارك في صنع الدلالة العامة وتجليها أمام المتلقي، بل جاء بوصفه عنصراً رئيساً كعنصر رئيس من العناصر التي اعتمد عليها الشاعر في بث أفكاره ومضامينه داخل قصيدته.

2 – الوسيط السمعي:

تعد الموسيقى في النص التفاعلي وسيطاً يحمل طابعين أو بعدين، فالبعد الأول هو ما تحمله من نغمات وألحان تطرب لها النفس، والبعد الثاني هو أنها ترتبط بالفضاء المحيط حولها وما يحمله من تأثيرات لها أبعاد نفسية فيكون لها الفضل في إظهار مضامين النص وتجلياته.

وتعد الموسيقى لغة لا يمكن الوقوف على نهاية لها في العالم الرقمي، فتجد لها تأثيرات وشفرات بليغة لا يستطيع استقراءها إلا المتبحر في تلك النصوص الرقمية، ويكون وقعها عليه بالقوة أو بالشدة أو بالضعف وذلك من خلال ما تحتويه من شفرات نفسية أيّاً كانت دلالتها.

فعند النظر إلى النص التفاعلي الماثل أمامنا نجده يحوي العديد

من النوتات الموسيقية، والتي تمثل الحداثة الرقمية، فبمجرد سماعها نكشف من خلالها أن هذا الفضاء الافتراضي يحمل مشاعر حزينة وهي بذلك تفصح عن مضامين النص، وبذلك أفصحت الموسيقى عن خلجات النص وما يحمله من مشاعر فرح، حزن، ظلم، قلق، بما يتوافق مع النصوص اللغوية الماثلة داخل القصيدة، وما تحمله من دلالات، و«تتشكل دلالات الوسيط الصوتي، بوصفه لغة قائمة بذاتها وتتعزز دلالات هذه اللغة، بالتشارك مع بقية الوسائط اللغوية الأخرى، فالسياق الوسائطي والنص، بينهم في تشكيل الدلالات الكلية، وهي دلالة مرتبطة بمشاعر الخوف والقلق والترقب، هي دلالات عن طبيعة هذا العالم، الذي تحدث عنه صاحب السيرة الزرقاء»[11]. فمن خلال ذلك الوسيط نقل لنا مشاعر الألم، والحزن، والضياع داخل وطنه. وبالنظر إلى النص نسمع معزوفة العتبة النصية الافتراضية، وهي معزوفة لها نغمة صارخة تتناسب وتعبر عن التمثال الصارخ الظاهر في الوجهة النصية/ العتبة الرقمية، وبذلك أحس المتلقي بعجز الشاعر وصراخه المتولد من الألم محاولاً التعبير عنه، وما يحمله من شفرة باطنية تشير إلى الألم الذي يواجه الوطن ونزيفه المستمر، وهو ما ترتب عليه ذلك الصراخ الموسيقي.

وإذا ما نظرنا إلى الشاشة نجد تفاعل الموسيقى مع الفضاء الأزرق، فصنعت تمثيلاً فضائياً للقهر الافتراضي، وأيضاً عند عكسها على هذا الفضاء الحامل لشفرات التيه والظلم والموت نجده هو القبر الذي أصبح مكاناً لدفن الوطن، وهذا الظلم ونغماته يتأتى كطبول هي نذير الخراب والدمار الذي سببه الطغاة المخربون، وأصبح هذا القبر هو

ملعب ذلك التخبط والدمار، فهو يجمع عدة شفرات تجعل المتلقي في حيرة وقلق وخوف مما يمر به المبدع، وقد تم نقل ذلك الشعور عبر لغة الموسيقى التي أصبحت هي المتحدث الرسمي لتلك العتبة الافتراضية.

فعند الولوج إلى النص الأول من رابط ضلوع البوح الأولى الذي يشير إلى (في مدار عتيق) تستمع إلى ذلك الوسيط السمعي المتمثل في بعض التراتيل التي تصاحبها نغمات موسيقية تحمل ذبذبات متصاعدة وهابطة، ففي لحظة يعلو رتم النوتة الموسيقية وتلحقها نوتة خافتة الحس، وكلها علامات توحي بالموت، فتكون دقات قلبه كتلك الترانيم من حيث التسارع والتباطؤ.

ويبدع الشاعر هنا من خلال الربط بين التناغم الموسيقي والشكل البصري، فيجعلنا نسبح معه ونبحر في فضاء النوتة الموسيقية التي تنعكس شفراتها على ذلك الشريط المتحرك، والذي يبدأ بكلمة (عاجل) فتتعالى معها النغمة الموسيقية، وما تبثه من شفرة خفية، حيث تسارع الوقت مع اختفاء الطريق، فبمجرد أن يُسْرع تُسْرعُ معه تلك التراتيل، وعند الوقوف للبحث عن خطواته تهدأ مع تلك النوتات الموسيقية، وهكذا تعود مرة أخرى في تزايد، وفي ذلك إرهاصات وإسقاطات بأن النفس الذاتية ضائعة في وطن أوشك على لفظ أنفاسه الأخيرة، وتمثل التراتيل هنا الانكسار النفسي في هذا الفضاء اللامنتهي لدى الشاعر وارتباطه بالطريق المتمثل في الومضة الفارقة بين النجاة والموت.

وعند الدخول إلى الرابط الثاني من ضلوع البوح الأولى نلتقي

أيضاً بذلك الوسيط السمعي الذي يتوافق بصورة قوية مع دلالات النص الشعري، وينقل لنا إيحاءاته التي تتمثل في التخبط والتيه والحيرة، وهذه الموسيقى عبر ما تحمله من نغمات صاخبة يسبقها نغمات هادئة تعمل على كسر التوقع لدى المتلقي، ومن ثم تتركه في حالة توتر وتأزم، وهذا التوتر تبدو ملامحه جلية في الوسيطين الآخرين الصوتي والبصري، فالشاعر لا يدري إلى أي أرض يسير، فقد ضاع منه الطريق كما يذكر في نصه الشعري، وهذه الدلالة تتضح أيضاً مع الوسيط البصري الذي يشير إلى دوامة، تحمل في طياتها الشعور بالحيرة والتيه، وكل ذلك يتوافق مع ذلك الوسط السمعي في ذلك المقطع الموسيقي.

(صورة الدوامة)

وبالنظر إلى تلك الدوامة والمعروف عنها (صورة الدوامة) سرعة دورانها، والتي تنتهي بسحق وسحب النفس الشاعرة بداخلها، فلا يعرف الهروب من فضائها وجوانبها، ويتزامن دورانها مع تيهه وفقد الطريق، فقد سُحقت قدماه في تلك الدوامة، وجاءت الموسيقى تمثل هذا المشهد، فهي تحمل الطابع الهادئ وهو البحث عن الطريق الذي بنهايته الأمان، ولم تلبث حتى جاءت بطابع هجومي إعصاري كالدوامة جعلته يتخبط في الطريق فَأَثَّر ذلك في خطواته، فتساءل هل هذا هو الطريق أم الفضاء الدائري الذي أخطو فيه؟.

ونلتقي كذلك داخل (الرابط/ المكابرة) بمقطع موسيقي معروف يتمثل في موسيقى الفيلم الشهير (Taitanic) وهذه الموسيقى تستحضر معها أحداث ذلك الفيلم من موت محقق لمعظم ركّاب السفينة، ولم ينج منهم إلا القليل، فكانت تلك المقطوعة الموسيقية هي الوسيط المعبر عن الضياع والفقد، وإذا دققنا النظر في النص الشعري المصاحب لتلك المقطوعة نجد أن الشاعر يتحدث فيه أيضاً عن الموت والفقد المحقق، فنراه يقول (تحاصرني المنايا والشظايا) و(لكني على ما بي أداس..) وهذه الدلالات لا تخرج عن كون الشاعر يعاني القهر والظلم اللذين يشبهان الموت.

وإذا دققنا النظر في اختيار الشاعر هنا نجده قد أبدع في اختيار ذلك الوسيط السمعي، وهذا الوسيط كفيل أن ينقل لنا حالة الشاعر ونفسه الحالمة، وأن يجد في ذات المتلقي نفس الحالة الشعورية المسيطرة على الشاعر، فالموسيقى تحمل رنة خافتة ذات طابعٍ هادئٍ، ولكنها تبث شفرات عن (الموت/ الأمل)، (الخوف/ التضحية)، (التقهقر/

التقدم)، (المكابرة/ الاستسلام) وجاءت متمثلة أيضاً وممتزجة مع الوسيط البصري وهي سماء جزء منها مشرق، والآخر تشعر بأنه ملبد بالغيوم، وكان دور الموسيقى هنا هو منح المتلقي جزءاً من الأمل تجاه الوطن ومن به، وللأسف فقد أُخْتُتِمَتْ بسحقه وسحق الكثير من أبناء الوطن معه لما خلفته الشظايا والقنابل من دمار فضائي لامحدود.

لعل تأثير الوسيط السمعي جاء في أقصى درجة له مع ذلك المقطع الموسيقي الذي أورده الشاعر في (الرابط/ هامش)، إذ نلتقي بموسيقى النشيد العراقي (موطني)، وهذا المقطع الموسيقي يوضح ارتباط الشاعر بوطنه ومحاولة التعبير عن قضاياه، فلو أننا على سبيل المثال قمنا بالتخلي عن النص الشعري والاستماع إلى الموسيقى فقط لوصل إلينا مثل تلك الشفرات والمضامين التي تحمل روح الوطنية، فالموسيقى تحمل في طياتها كلمات (الجمال، والنِّسَاء، والبهاء)، فاختار في الحديث عن الوطن الموسيقى التي تعلي من شأنه وتحثّ على التضحية في سبيله، وجاءت تلك المقطوعة الموسيقية بها دلالات مشفرة على أن الوطن هو الباقي، فالموت يدرك كل شخص، فيجب أن تعلو قيمته وكرامته، وربط الحس الوطني بتلك النغمات الصادقة التي تدفع المواطن لأن يدافع عن خيرات وطنه المنهوب من قبل الغزاة، أو أبناء الوطن المخربين والتصدي لهم.

ومن هنا نجد لحناً موسيقياً يولد في حس المتلقي، ويعزز الانتماء، بينما الوسيط البصري يجعله في تخبط وتزعزع في اختيار الطريق، فالوسيط هنا مبهم هل هو تموجات بالطريق؟ أم تقلبات نفسية يمر بها الشاعر؟، وبالوقوف عليها نظراً ومزجها باللحن المسموع نراه

يعطيه الأمل مع حس الوطنية في الدفاع عن الوطن، والمكافحة، وعدم الاستسلام حتى ينال حرية النغمة الأصلية من النشيد العراقي (موطني).

وتتفاعل الوسائط السمعية كذلك عبر ضلوع البوح الثانية مع بقية الوسائط لتعبر عن دلالات الشاعر، وربما جاءت مبهمة وغير معروفة ولكنّ إحياءها النفسي ارتبط ـ إلى حد ما ـ بالموقف الذي وردت فيه، ويظهر ذلك في الرابط الأول من ضلوع البوح الثانية (يعقوب يا وطني)، إذ نلتقي بمقطع موسيقي لآلة البيانو، وهذا المقطع رُغم عدم وضوح دلالته، إلا أننا نستشعر في طياته دلالات الحزن والألم، وهذه الدلالات تتوافق مع مضمون النص المصاحب الذي يتحدث عن محنة سيدنا يعقوب وسيدنا يوسف، فجاء هذا المقطع معبراً عن تلك الدلالات.

فيحمل النص الرقمي وسيطاً سمعياً من نغمات آلة البيانو، وكل نغمة من أصابع آلة البيانو تحمل شفرة، ودلالة ظاهرة وباطنة، فالظاهرة هي الرنة المسموعة من قبل أي شخص، وأما الباطنة نجدها تحمل هذا القلق والحيرة على مستقبل الوطن، فالشاعر يبث حزنه من خلال مقطوعة حائرة ويعكسها على الوسيط البصري المتمثل في قدم مشققة فقدت جزأها السفلي، وهذا إسقاط على دلالات الشقاء والتعب والتيه والمعاناة التي يعيشها الشاعر ومدى العذاب الواقع عليه.

وربما يصر الشاعر على تكرار نفس النغمة الموسيقية إيماناً منه بأنها المعبرة عن أحاسيسه وشعوره، وكذلك دلالته التي تظهر داخل

نصه الشعري فنجده في الرابط/ الحاشية من ضلوع البوح الثانية يكرر المقطع الموسيقي الذي ورد في أول رابط من ضلوع البوح الأولى لما لهذا المقطع من إيحاء حزين يتوافق مع ما يحل بالوطن من ضياع واختناق، فظهرت صورته في النص الشعري من خلال (سيسرق ماءك) و(يخنق موجك) وجميعها دلالات تعكس حالة هذا الوطن.

يتساوق هذا الحزن مع دلالة الوسيط البصري الذي تبدو فيه الأرض القاحلة والمشققة إشارة إلى الجدب والجفاء وكأن هذا الوطن أصبح ضائعاً كهذه الأرض الجافة.

فالموسيقى تنشد على تراتيل الكورال ألحاناً تحمل طابع حزن على ما آلت إليه (الأرض/ الوطن)، وتمثل ذلك في جفاف الأرض، وما يحوي من شفرة اليأس على موت الأمل في الوطن وموت الأرض في ريها بالماء، فاللون القاتم يعكس لنا مع امتزاجه بالموسيقى بأن الموت حل على النفس الشاعرة.

وكذلك فإن الشاعر لا ينسى – خلال اعتماده على الوسائط السمعية – أن يقدم لنا بعض المقاطع الموسيقية التي ترتبط بالقومية والهوية الإسلامية، إذ نجده في (رابط/ نصيحة) يقتبس مقطعاً موسيقياً من موسيقى فيلم (الرسالة) الذي يتحدث عن فجر الإسلام، وعن التضحيات المتعددة التي قام بها المسلمون من أجل الدفاع عن دينهم، وكأن هذا الوطن يحتاج لمن يضحي من أجله، وهذه الدلالة تظهر بشكل جلي مع النص الشعري المصاحب لهذه الموسيقى، حيث يرى الشاعر (أن النهر الصافي يفضح أسماكه).

أما الوسيط السمعي الذي نلتقي به عبر (الرابط/ هامش) من ضلوع البوح الثانية، فإنه يعبر عن موسيقى عسكرية تبعث في النفس دلالات التأهب والترقب، وتتكامل تلك الدلالة مع ذلك الوسيط البصري المصاحب لها الذي ينقل لنا تلك العينين التي تنظر في ترقب وحذر، وكذلك تتوافق مع النص الشعري الذي يذكر الشاعر فيه بأن الربيع قد رحل، ولذلك يجب الحذر أيضاً، وكأن الدلالة العامة لن تكتمل إلا بوجود تلك الشفرة السمعية مع أختها البصرية والصوتية كذلك.

بقي أخيراً ذلك المقطع الموسيقي الهادئ الذي أتى به الشاعر في نهاية قصيدة ضمن (الرابط/ هل ترغب في تضحية أخرى؟) وهذا الهدوء الذي يعكسه ربما يبعث إلى الطمأنينة وعدم الخوف على هذا الوطن؛ لأنه في النهاية سوف ينتصر ويخرج من حزنه وضياعه، وترتبط تلك الدلالة بالوسيط النصي الذي يقول فيه الشاعر (رزاز من النور يزحف) وكأن هذا الرزاز يلتقي مع هدوء الموسيقى ليبعثا تلك الحالة من الطمأنينة على الوطن.

وفي النهاية فإن الوسيط السمعي استطاع أن يشارك في تأكيد دلالات النص وتقريبها إلى المتلقي، ومن ثم استطاع النص الأدبي أن يفيد من التطورات التكنولوجية الحديثة والتقنية الرقمية، ليعبر المبدع عن كل ما يدور في خلجاته مستفيداً من هذه الوسائط في تحقيق ما يصبو إليه.

المبحث الثاني:

القصيدة الوسائطية
كونشيرتو الحـرب

أولاً: واجهة القصيدة

ثانياً: الروابط

ثالثاً: الوسائط المتعددة

جاءت الثورة التكنولوجية وخلّفَت بعدها عالماً افتراضياً في الفضاء الحاسوبي، وأصبح من أهم عناصره هو التفاعلية، وساعدت تلك الخاصية في تغيير أفكار الإنسان، فانخرط في عالم الرقمية وأسلحتها، وصار من إنسان يستقبل إلى إنسان متفاعل ومؤثر، ولديه من الصلاحيات الرقمية ما يجعله يدافع عن كونه وذاته خالعاً ومجرداً كل أحاسيسه الإنسانية، فتمرد على كل ألوان الظلم والعدوان الواقع عليه، وأصبحت الرقمية هي الفضاء الجديد للإنسان الذي تحول من كائن عددي إلى كائن يحمل رموزاً وشفرات رقمية يبحر من خلالها في هذا الواقع الذي لا يعمل إلا بنظام التشفير والبرمجة، وكل ذلك انعكس على الإنسان الجديد وطبيعته وتفكيره وذهنه، وكأنه انتقل من كون إلى كون[12].

وأثار كل هذا التقدم حفيظة الإنسان، وجعل الفضاء الافتراضي الذي أوجدته وسائل (الإنترنت) هو العالم الواقعي والمتكأ الذي يتكئ عليه المبدع والمتلقي، وهو بذلك يخلق عالماً جديداً من الأرقام يتعامل معه بتفاعلية ووضوح لخلق عالم يواجه به كل الأمور العالقة والواقعة عليه، ومن خلاله يحقق به ذاتيته وأفكاره، وهو بمثابة حلمنا في الماضي (هل نستطيع الصعود إلى القمر؟)، فكل ذلك كان ما يدور

في مخيلتنا، حتى صار هذا الأمر حقيقة، وتحقق الحلم وصعد الإنسان إلى القمر، وأصبح من خلال الرقمية والواقع الافتراضي ومعايشة الخيال والتعايش معه.

فالشاعر رأفت السنوسي [13] استطاع في قصيدته الرقمية/ التفاعلية أن يستغل التكنولوجيا المختلفة، وكذلك وسائطها المتعددة، ليقوم ببناء تلك القصيدة (كونشيرتو الحرب) وهي قصيدة وسائطية بامتياز، ولذلك يمكننا أن نفرق بينها وبين القصيدة السابقة (تباريح رقمية) بأن الأخيرة ترابطية/ تفاعلية، بينما الأولى وسائطية/ تفاعلية فكلتاهما اعتمدت على التقنيات الرقمية بشكل متعدد.

فالشاعر في هذه القصيدة أكثر من استخدام الوسائط المتعددة من صور ثابتة ومتحركة ومقاطع فيديو وأصوات وموسيقى، ومن ثم يمكننا أن نطلق على هذا النوع من القصائد (بالوسائطي) تفرقة بينه وبين أنواع القصائد التفاعلية/ الرقمية الأخرى. فإذا كان مشتاق عباس اهتم لدرجة كبيرة بالروابط وتشعبها، فإن السنوسي في (كونشيرتو الحرب) ارتكز معظم اهتمامه على الوسائط المتعددة. ومن ينظر إلى بناء هذه القصيدة يجد أنها تعتمد – منذ البداية – على أربعة روابط رئيسة وواحدة منها غير نشطة، ويحمل هذا الرابط واجهة القصيدة، بينما الروابط الثلاثة الأخرى، هي روابط نشطة تتشعب أيضاً إلى روابط متعددة كما سنبين في تحليلنا لها، وكل رابط من هذه الروابط وظّف فيه الكاتب المستويات الصوتية والسمعية واللغوية في آن واحد كي يستطيع أن يجذب كافة جوانب المتلقي تجاه قصيدته، ويجعله أكثر ارتباطاً بها، وتفاعلاً معها، ولذلك يمكننا دراسة تلك القصيدة

عبر تقنياتها الرقمية المتنوعة ومدى تأثير التكنولوجيا في بنيتها من خلال عدة عناصر كما يلي:

أولاً: واجهة القصيدة:

اختلفت هذه القصيدة عن سابقتها بأنها حملت أكثر من واجهة يمكن العبور من أي واجهة منها إلى جسد النص، فمنذ البداية وعند ولوج المتلقي إلى رابط هذه القصيدة يلتقي بواجهة تحمل اسم القصيدة وهي (كونشيرتو الحرب) باللون الأحمر الذي توحي دلالته بالصراع والخراب والحرب، وما يلبث أن تنفتح أمامه واجهة القصيدة الرئيسة التي تحمل عدة واجهات فرعية يستطيع المتلقي أن يعبر إلى متن القصيدة من خلال الواجهة التي يختارها، وبذلك تتحقق أبرز سمات النص التفاعلي في هذه القصيدة، وفي سمة اللامركزية وعدم السطرية لأننا نستطيع أن نبدأ القراءة والتصفح من أي واجهة أمامنا، وربما تتميز القصيدة عن سابقتها (تباريح) في ذلك لأنها – تباريح – تفرض على المتلقي في واجهتها أن يتبع طريقة السطرية، بينما هذه القصيدة لا تتمركز على رابط بعينه، بل يمكن أن نبدأ التصفح من رابط العازف القناص، أو نيران صديقة، أو طلقة في الهواء، وهو ما يمنحنا تفاعلاً وحرية منذ بدايتها، وذلك كما بالشكل.

شكل رقم (1)

فالذي ينظر إلى الشكل السابق يلتقي بأربعة روابط، فعند الضغط على الرابط الأول/ غير النشط الذي يحتل المساحة الأكبر من تلك الواجهة نجده يحمل مقطعاً للفيديو تصل مدته إلى دقيقتين يعرض من خلاله الشاعر رؤيته عن الحرب التي هي موضوع قصيدته الرئيس، والذي حاول من خلالها أن يصور لنا ما تخلفه من دمار وخراب، وذلك من خلال الحركة التي تظهر في هذا الفيديو مع مؤثرات الصوت وكذلك اللغة.

والملاحظة المهمة على هذه الواجهة أن جميع المشاهد التي تَرِد تتأتى بشكل غير واضح، وإن كانت جميعها تنقل لنا صور الحرب في عهودها القديمة باستخدام السيوف والخيول، وكأنه يريد أن يوضح

أثر هذه الحروب في العالم حتى منذ بداياتها القديمة، وهذه المشاهد التي تأتي غير واضحة كأنه يستحضر من خلالها صورة جميع الحروب التي حدثت، فهو لا يريد أن يتوقف عند حرب بعينها، ولكنه يقصد إلى الحرب المجردة بشكل عام، ويتأكد ذلك من خلال تركيزه ـ من هذه الواجهة ـ على بيان أوجه الدمار والخراب في مقابل عدم وضوح المحاربين أو الأماكن في حد ذاتها.

يتفق ذلك مع ورود النص الشعري الذي تظهر كلماته باللون الأصفر تباعاً في أسفل الفيديو، وكذلك صوت الشاعر مردداً تلك الكلمات التي حملت معاني الحرب ومضامينها المختلفة، وذلك على النحو التالي:

»لعل نهاراً سيأخذ من دهشتي لي

ويسقطني في يدي مرة ثانية

لأردد آية للغلام البهي

أنا الولد الـ من يفوت

على عسس الخلفاء ببغداد

ويدعوهمو لمنازلـة...

بين سيف... وسيف وخشب

فقالوا تموت.... وجالت خيول الليالي

وما مـت

تعريت حينا

فقفزت على سور حصن... جرحت

ولكن جارية طببتني

وعدت كماء بعين

وطـير بعـشّ

لـذلك قايضت تاريخ عائلتي

بالنهار السقيم

وعلمت فقه المحب... لمن لم يحب

فقالوا تمـوت

وجالت خيول الليالي

وما مت

وحين تداعى علي الضياء

بساحة حزني

دعوت ليذهب عني الضياء».

فالشاعر في هذا النص يوجهنا إلى دلالات الدمار والهلاك،
وما تحدثه الحرب من ويلات مختلفة، فنراه يردد كلمات (الموت،
والسيف، الحصن، السقيم، والخيول، والساحة)، وجميعها كلمات

تتعلق بالحرب والموت، وكأن هذا الفتى الذي يتحدث عنه الشاعر رُغم تعلقه بالوطن وتعلمه فقه الحب، ورغم امتداد الأيادي لمساعدته، إلا أنه لم ينجُ أيضاً من تلك الحرب وويلاتها، لأنه في النهاية سيذهب – حتماً – عنه الضياء.

وهذه الدلالات زاد تأثيرها وحضورها على المتلقي عند سماع صوت الشاعر بنفسه وهو يردد تلك الكلمات، مع ظهور الوسيط السمعي الآخر في الخلفية، الذي يعكس صوت موسيقى صاخبة تتساوى مع صوت طبول الحرب التي بالكاد تستطيع سماعها، وكأن الشاعر يهيئ المتلقي لمشهد حي وحقيقي لصورة من صور الحرب، فهو يتفاعل بمعظم حواسه البصرية والسمعية مع تلك المشاهد. هذا بالإضافة إلى ظهور كلمات القصيدة باللون الأصفر المختلط باللون الأسود لما لهما من أبعاد سوداوية يوحيان بها، إذ يدل الأسود دائماً على الموت والخراب والدمار، ويدل الأصفر في الغالب على الضعف والمرض، وجميعها شفرات سيميائية تحمل دلالات مرتبطة بمعاني القصيدة وأفكارها العامة.

وعندما نتجه إلى الواجهات الفرعية الثلاث نجد أنها تعمل أيضاً كروابط نشطة، فعند الضغط – كما بالشكل السابق – إلى واجهة العازف القناص نجد أنها تتشعب إلى روابط ووسائط أخرى كثيرة، وأيضاً في الرابطين نيران صديقة/ طلقة في الهواء.

ونلحظ أيضاً أن العناوين المتنوعة التي حولتها الواجهة ترتبط دلالياً بمضمون الحرب، وكأن هذه العناوين تمثل شفرات سيميائية

بجانب تلك الأيقونات المعبرة عنها لتنقل لنا صورة واضحة عما تتركه تلك الحرب، وتخلفه من آثار، كما نلحظ أن هذه الشفرات جاءت باللون الأحمر وما يوحي به من صراع وحرب ودمار وموت، وكأن الشاعر وظّف كلماته ووسائطه بعناية تامة يجعل فيها الوسائط تتوافق مع الكلمات، والكلمات تتوافق مع المضامين، هذا بالإضافة إلى اللون الأسود الذي جاء مهيمناً على الجزء الأكبر من الواجهة، فإذا نظرنا إلى الشكل السابق نجد أن الروابط الأربعة تسبح داخل ذلك الفضاء الأسود، وهذا الفضاء ما هو إلا شفرة سيميائية تحيل إلى معاني القهر والدمار، وكل ما يمكن أن تجنيه الحرب.

وإذا ما تطرقنا إلى عقد مقارنة مبدئية بين واجهة (كونشيرتو الحرب)، والقصيدة السابقة (تباريح رقمية) نجد أن كلتيهما اعتمدت على الألوان التي تتماشى مع دلالات المضمون، فالأولى اعتمدت اللون الأسود. والثانية اعتمدت على اللون الأزرق، وهذان اللونان يدلان في الغالب على القهر والدمار والألم، كما نجد أن موضوع القصيدتين يتناول الحديث عن الحرب.

وإذا كان الشاعر نقل لنا صورة الحرب في الواجهة الرئيسة عن طريق تقنية الفيديو، فقد نقل بعض صورها أيضاً عن طريق الصور الثابتة التي عكست بشكل كبير هذه الحرب، ففي الأيقونة العازف القناص تظهر صورة ذلك القناص الذي يمسك في يده بندقيته وهو في وضع الاستعداد، وفي الأيقونة الثانية (نيران صديقة) تظهر تلك المدينة التي تكاد تبوح بمعالمها، ويتوسطها انفجار ضخم، فكأن هذه المدينة رغم اتساعها ــ كما يبدو في الصورة ــ لم يتبقَّ منها سوى

هذا الدخان الذي خلفه الانفجار، بينما نجد أن الأيقونة الثالثة (طلقة في الهواء) تعكس شكل هجرة عدد كبير من الناس، لعل معظم ما يظهر منهم الأطفال والنساء نتيجة حرب ما مع صحراء جرداء، وكأن هذه الحرب لم تترك لهم شيئاً.

ثانياً: الروابط:

ثمة روابط نشطة وأخرى غير نشطة اعتمد عليهما الشاعر رأفت السنوسي في (كونشيرتو الحرب)، ونحن إذ نتوقف عند النوع الأول نجد أنه يهيمن على مجمل القصيدة، بينما يرد الثاني مرات قليلة سوف نتوقف عندها لاحقاً، وكلا النوعين استطاع الكاتب من خلالهما أن يجعل المتلقي يعيش معه تلك الأفكار والمضامين التي حوتها تلك القصيدة، ويمكننا تتبع روابط القصيدة في مجملها كالتالي:

(1) الروابط النشطة/ العازف القناص:

أول ما يطالعنا عند الولوج إلى هذا الرابط ذلك الوسيط البصري الذي يحمل صورة مسرح ضخم كبير تم قصفه، وتساقط سقفه، وتهدم بعض بنيانه، وهذا الوسيط ارتبط بنص شعري، كما في الشكل التالي:

شكل (2)

والنص الشعري كما يبدو من الشكل السابق، يشير إلى آثار الحرب وما خلّفه القصف، حتى إن الذات الشاعرة (متمثلة في الذات العامة) ترغب في الذهاب إلى دار الأوبرا، ولكنها لا تستطيع جراء هذا القصف رغم ارتباطها الكبير بالموسيقى التي تمثل غذاء لها.

ويقع هذا النص في خلفية بيضاء على غير المتوقع؛ ليجعل المتلقي يصطدم بتلك المغايرة بين دلالة اللون الأبيض ودلالة النص، ولكنه ربما فعل ذلك طلباً للأمل، فربما تعود الحياة إلى طبيعتها، وتعود الذات الشاعر إلى الاستماع بالموسيقى داخل هذه الأوبرا مرة أخرى.

لكن داخل هذه الأوبرا مرة أخرى، فإن كلمات النص جاءت باللون الأحمر لتؤكد – مرة أخرى – ما يوحي به هذا اللون عن فكرة الدمار

والخراب، لكننا نلحظ ذلك الرابط الذي تخلل النص الشعري والذي جاء باللون الأزرق متمثلاً في كلمة (عرضة للقصف) الذي يحيل بدوره إلى رابط جديد يحوي نصاً جديداً يشير إلى الحرب كذلك، ويحمل دلالات والدمار والقصف أيضاً، فنرى الشاعر يقول في بدايته (ليس ثمة فضاء يحتمل كل هذا الخراب). إلى أن يصل لنهاية النص الذي يقول (ونادِ على قطع اللحم تأتك دافئة حتى لو بقيت في التراب ألف عام)، فالقصيدة من بدايتها حتى النهاية تتحدث عن ويلات الحرب، وتتأكد دلالاتها من خلال الوسيط البصري الذي حمله ذلك الرابط المتمثل في صورة بعض الفرسان فوق أحصنتهم، وما يتبعهم من ضباب كثيف لا يظهر ملامح لأي شيء، وهذا النص أيضاً جاء باللون الأسود كالعادة ليزيد من التأكيد على دلالات الدمار والخراب.

وفي نهاية هذا الرابط تلتقي برابطين نشطين آخرين يحيل الأول منهما الميدان/ إلى الوجاهة، بينما يحيل الثاني الرابط الرئيس/ إلى العازف القناص.

وبالعودة مرة أخرى إلى (العازف القناص) نلتقي أيضاً برابطين رئيسين يحيل الأول منهما إلى الواجهة أيضاً، وبينما يشير الثاني إلى نص آخر جديد كما في أيقونة/ التالي، وفي هذا الأخير نلتقي بنص شعري ربما يمثل المحور الرئيس الذي تبنى عليه جميع نصوص هذا الرابط، لأن الشاعر جعل الموسيقى تشبه البندقية في طريقة القصف، فالشاعر يجعل الموسيقى ليست طرفاً فيه كما يتوهم البعض، وإنَّما يجعل فِعْلَها يشبه فعل القناص، ولذلك أصر على تسمية هذا الرابط بالعازف القناص ليربط بين عمليهما، وتتضح تلك الدلالات أكثر فأكثر عندما

تلتقي بالوسيط البصري الذي جاء كخلفية لهذا النص، وهذا الوسيط كما نرى يشير إلى بعض المنازل التي تهدمت وسقطت بفعل الحرب، ويقف الناس فيها لا يفعلون شيئاً سوى النظر إلى هذا الدمار فقط.

وبالنظر إلى الوسيط الصوتي نجد الشاعر قد استخدم فيه اللون الأزرق، وكما نعلم أن اللون الأزرق له دلالات وشفرات سيميائية تحمل في طياتها القهر والظلم والألم، وقد جاء هذا اللون متناسباً مع مضامين ذلك النص، ويتشعب هذا الرابط كذلك إلى ثلاثة روابط أخرى كالمعتاد.

فإذا قمنا بالضغط على الرابط الثالث/ التالي، نجد أننا على أعتاب نص جديد متشعب من مبدأ الرابط الرئيس، وهذا الرابط يحمل نصاً يشير أيضاً إلى الحرب والشاعر يربط فيه ما بين فعل الكمان الذي لطخت وجهه الدماء، وإيقاع الحرب، وكأن هذا الكمان أصبح آلة من آلاتها تجيد القنص وتلك الدلالات جميعها ترتبط بالعنوان الرئيس لهذا الرابط وهو (العازف القناص)، والشاعر يصر دائماً على جعل الموسيقى أداة من أدوات الحرب، لما لها من وقع على النفس يشبه وقع الحرب، والربط بينهما يتأكد حضوره كذلك في الرابط التالي الذي يحمل نصاً يشير إلى نفس الدلالات السابقة، حيث يتحدث الشاعر عن خندق ممتلئ بالموسيقى، ولكنها تأتي في الغالب بشكل حزين إشارة إلى الموت، ويتأكد ذلك المعنى من خلال جملة (هل أُسْمِعُك مقطوعة أخرى؟، أزيدك من الموت نغمة؟) وكأن الموت هنا داخل هذا الخندق يأتي متمثلاً في نغمات الموسيقى، ويظهر ذلك كما في الشكل التالي:

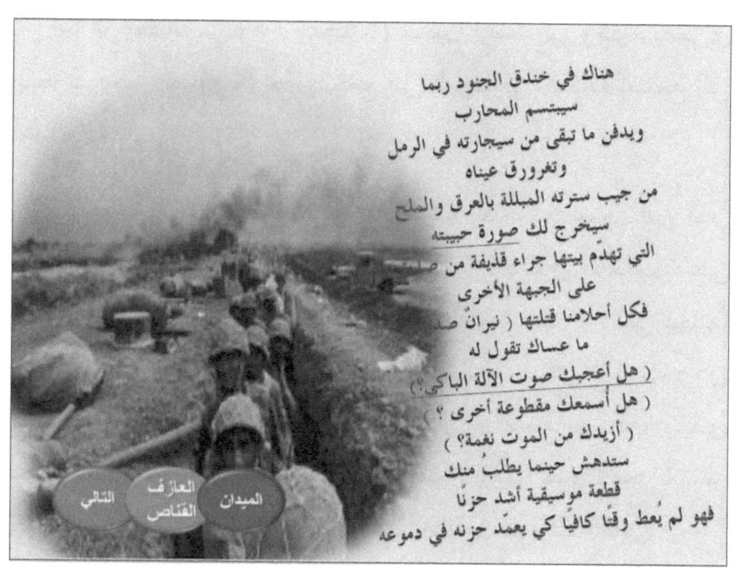

شكل رقم (3)

ففي الشكل السابق يتوافق الوسيط البصري الذي يحمل شكل خندقٍ يمر به الجنود مع مضامين القصيدة التي تعبر عن الحرب والدمار، ونلاحظ أن هذا النص يحمل بداخله رابطين آخرين نشطين، جاء الأول باللون الأزرق يحمل عنوان (صورة حبيبته)، والثاني (هل أعجبك صوت الآلة الباكي؟)، وعند الدخول إلى الرابط الأول منهما نلتقي بصورة أمّ تحمل طفلها الصغير وترحل مع مجموعة كبيرة من الأطفال والنساء المهجرين جراء الحرب، كما أن هذه الصورة ترتبط بنص شعري يتحدث فيه الشاعر عن الرحيل والحرب والتهجير، وعن النهاية غير المفرحة، وينتهي هذا النص برابط غير نشط يحيل المتلقي إلى وسيط متحركة يعبر عن التهجير والهروب من الحرب.

أما الرابط الثاني (هل أعجبك؟) فيحيل أيضاً إلى وسيط بصري متحرك يحمل صورة رجل يستمع إلى الموسيقى، وكأنه يستمع إلى أهواء الحرب.

وبالعودة إلى الرابط الرئيس (العازف القناص) نصل إلى آخر رابط نشط، والذي يحمل نصاً جاء هذه المرة باللون الأخضر على غير العادة، وكأن الكاتب أراد أن يكسر فكرة التكرار التي نجدها في النصوص السابقة، وهذا النص يتناول الحديث عن الحرب وعن الدمار، ويتساوق ذلك مع الوسيط البصري المصاحب له، والذي يحمل شكل تفجيرات هائلة وقعت بين عدة بيوت هذه التفجيرات لم تترك سوى الدمار والخراب، ولذلك نراه يقول في هذا النص:

«ربما تسقط الأوبرا

فالرجعيون يتقاتلون في الشوارع

القريبـــة

على بعد طلقة من هذا

ولكنهم إذا ما استمعوا جيداً

لصوت الكمان

أو الناي منفرداً

سيختلط عليهم الأمر».

ونلتقي داخل هذا النص أيضاً برابط نشط يحيل أيضاً إلى نص

جديد ينقل لنا صورة مكثفة عن فعل الحرب وعما تحدثه من دمار،
فنراه يقول:

«بجانب حفرة عميقة

خلفتها القنابل ـ ذكية الصنع

جلست أقرأ نتف اللحم

كعبارات مبعثرة الحروف

ورسائل مكتوبة بالأعضاء البشرية».

ويمضي الشاعر داخل هذا النص أيضاً في بيان دلالات الدمار
والقهر، وما يمكن أن تخلفه الحروب.

ويمكن القول في نهاية هذا الرابط (العازف القناص) أن الشاعر
استطاع أن يوظف إمكانات التكنولوجيا بشكل يخدم أفكاره ومضامينه،
كما أن فكرة التشعب التي اتسم بها هذا الرابط جعلت النص أكثر
حيوية ومرونة، كما أنها مكنت المتلقي من التنقل بين أجزاء النص
بشكل يتيح له الاختيار والمرور والعودة.

ويمكننا في نهاية هذا الرابط أن نرصد مجمل تشعباته، كما
بالمخطط التالي:

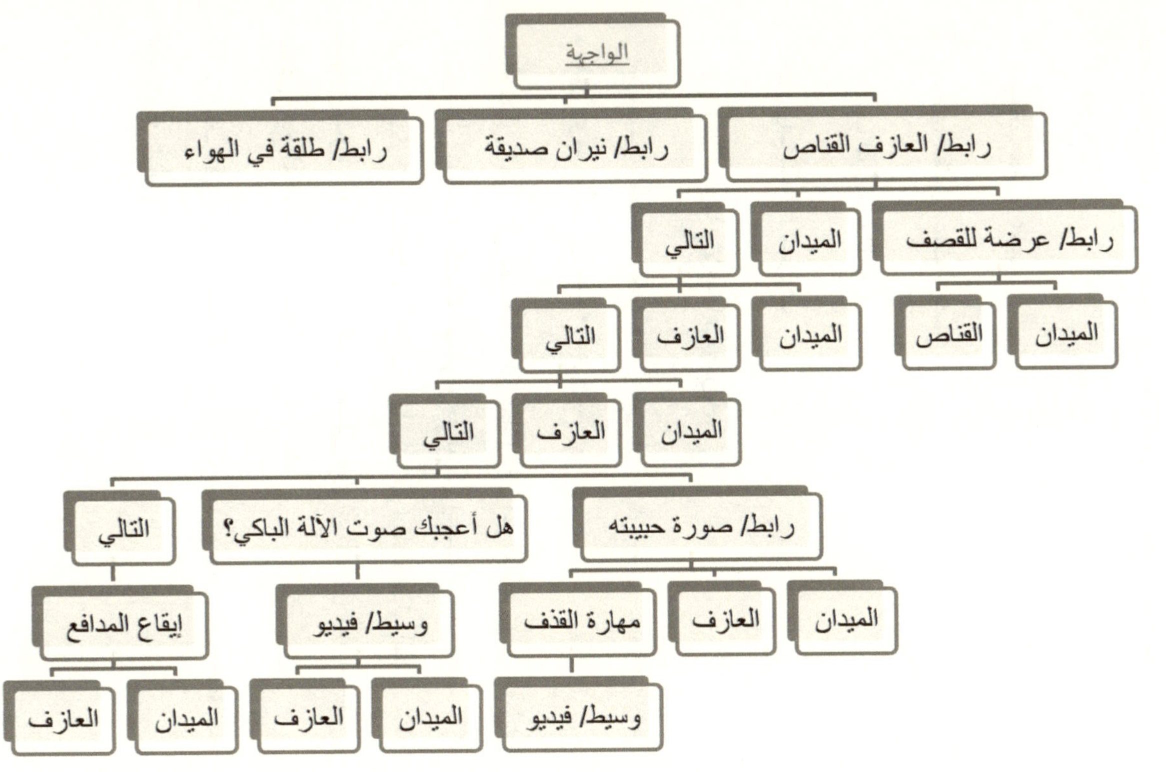

الواجهة
رابط/ العازف القناص
رابط/ نيران صديقة
رابط/ طلقة في الهواء
التالي
الميدان
رابط/ عرضة للقصف
الميدان
القناص
التالي
العازف
الميدان
التالي
العازف
الميدان
التالي
رابط/ صورة حبيبته
هل أعجبك صوت الآلة الباكي؟
التالي
الميدان
العازف
مهارة القذف
وسيط/ فيديو
إيقاع المدافع
وسيط/ فيديو
العازف
الميدان
وسيط/ فيديو
العازف
الميدان

(2) الروابط النشطة/ نيران صديقة:

تمثل أيقونة نيران صديقة الرابط الثاني داخل هذه القصيدة، وهذا الرابط يتشعب أيضاً كسابقه إلى روابط أخرى منبثقة ومتعددة، فعند الضغط على الأيقونة الرئيسة نجد أنفسنا أمام رابط يحمل أول نصوص هذا القسم من القصيدة التي يتحدث فيه الشاعر عن الحرب أيضاً، فيشير إلى (هزائم المرتدين، جثث الطغاة) وغيرها من العبارات التي ينقل لنا من خلالها صورة الحرب، ويتوافق ذلك كالعادة مع وسيط بصري وآخر سمعي يؤكدان أفكار الشاعر ومضامينه، وهذا النص يحمل في ثناياه رابطاً نشطاً أيضاً جاء باللون الأزرق يسمى (وأراه في الطريق)، وهذا الرابط عند الولوج إليه تجده يحمل نصاً آخر يتحدث أيضاً عن الحرب، وعن المخيمات، وعن اللاجئين، وبالعودة مرة أخرى إلى الرابط الرئيس نلتقي أيضاً بنص جديد ولكن هذا النص يأتي مغايراً لجميع الدلالات السابقة التي نجدها في القصيدة؛ لأن الشاعر يبحث فيه عن دلالات الأمل والحياة مبتعداً عن الحرب ومآسيها؛ وذلك عند بحثه عن يد لم تتلطخ بعد بدماء الحروب، ولم تحمل البندقية، دلالة على نقائها، وذلك كما في الشكل التالي:

شكل رقم (4)

من ينظر إلى الشكل السابق يجد أن النص يحمل دلالات البحث عن الخلاص من الحرب والابتعاد عن أهوائها، ويرتبط ذلك بالوسيط البصري الذي يشير إلى صورة طفل يعبر عن البراءة والنقاء حتى وإن كان هذا الطفل قد تتضرر من هذه الحرب، كما يبدو في الصورة، ونلاحظ أيضاً أن النص قد حمل في ثناياه رابطاً نشطاً باللون الأزرق يحمل عنوان (ومرضية جداً للشهداء) وعند الضغط على هذا الرابط ينتقل إلى نص شعري قصير استطاع الشاعر أن يتناص مع القرآن الكريم، فتراه يقول:

«كل وجيعة

يسأل القلب أيان

188

مرساها؟!

كل ندبة

تضرب الروح

أين أنت من ذكراها؟».

فهو هنا يتناص مع الآية القرآنية في سورة النازعات (يَسْأَلُونَكَ عَنِ السَّاعَةِ أَيَّانَ مُرْسَاهَا * فِيمَ أَنتَ مِن ذِكْرَاهَا) صدق الله العظيم[14].

وهذا التناص يربط ما بين يوم القيامة الذي تتحدث عنه الآيات، والحرب التي لا تحمل إلا الموت والنهاية، وكأنها – الحرب – هي قيامة لكل من يشارك فيها.

وعند العودة من الرابط الفرعي السابق نجد أنفسنا أمام رابط جديد يحمل نصاً جديداً يشير أيضاً إلى الحرب والدمار، وهذا النص يحمل في طياته كذلك رابطين جديدين الأول منهما يطلق عليه الكاتب (لكنه قادم كنبوءة درويش) والثاني (باب العذابات)، والأول يحيل إلى نص جديد يتحدث فيه الشاعر عن موت الحلم، وعن القبور، وعن الشهداء، أما الرابط الثاني (باب العذابات) فيحمل نصاً جديداً يتحدث أيضاً عن تأثير الحرب، كما في الشكل التالي:

شكل (5)

وهذا النص الأخير من هذا الرابط يحمل رابطاً غير نشط يتمثل في وسيط بصري متحرك، وعند الضغط على أيقونة التالي يلتقي بنصين جديدين هما آخر نصوص (نيران صديقة) يتحدثان كذلك عن الحرب، ويمكن تتبع تلك الروابط والنصوص في هذا الرابط الرئيس من خلال المخطط التالي:

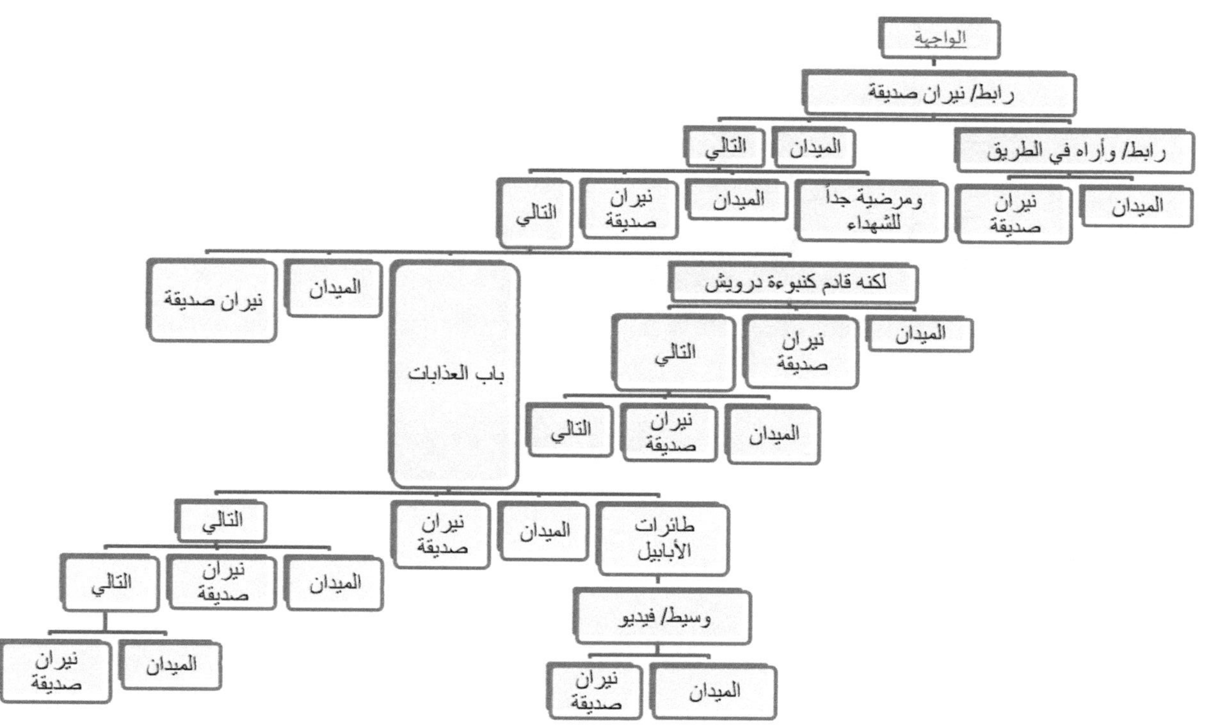

الواجهة
رابط/ نيران صديقة
رابط/ وأراه في الطريق
الميدان
نيران صديقة
التالي
الميدان
ومرضية جداً للشهداء
نيران صديقة
التالي
الميدان
لكنه قادم كنبوءة درويش
الميدان
نيران صديقة
التالي
الميدان
نيران صديقة
التالي
نيران صديقة
الميدان
باب العذابات
طائرات الأبابيل
الميدان
نيران صديقة
التالي
الميدان
نيران صديقة
التالي
الميدان
نيران صديقة
وسيط/ فيديو
الميدان
نيران صديقة

(3) الروابط النشطة/ طلقة في الهواء:

هو آخر رابط رئيس من روابط القصيدة، وهو ينتقل بنا كذلك
إلى مجموعة من الروابط التي تحمل نصوصاً شعرية متنوعة يدور
مجملها حول الحرب وما تحدثه من آثار، فأول ما تقع عليه أعيننا من
نصوص داخل هذا الرابط، هو ذلك النص الذي يذكر فيه الشاعر بأن
الحرب أصبحت نصف الحياة، وأنها أصبحت ذا خنجر مسموم داخل
كل الأوطان، فنراه يقول:

«لا شيء يشبه الموت

سوى الموت

والحرب خنجره المسموم

حين ينغرز في الخاصرة

وكل أوطاننا

منغرزٌ

وصدور عارية

الحرب نصف الحياة تقريباً

هكذا علمتنا التجارب

وأعطتنا أسلحة جديدة

كالشعر والموسيقى

والجمال الذي يسكن بنات الجيران».

فدلالات النص هنا تشير إلى الدمار، والموت، والخراب.

وكل ما يتعلق بالحرب من آثار متعددة، والنص السابق أيضاً يحمل رابطاً جديداً (الحرب وخنجره المسموم)، ويتحدث أيضاً عن الحرب التي جعلت المدينة تتغير والبساتين أصبحت يابسة، والأبناء يغرقون في النهر، وكذلك الأرواح لم تعد كما كانت عليه من قبل، وعند الضغط على أيقونة التالي نجد أنفسنا أمام نص جديد يحمل في طياته رابطاً جديداً/ مقاتلين حد الحب، وأيضاً روابط أخرى نشطة تحيل إلى نصوص أخرى، فعند الضغط على التالي يحيلنا إلى نص جديد أيضاً يحمل رابطين جديدين كذلك، كما في الشكل التالي:

شكل رقم (6)

ففي هذا النص الماثل في الشكل السابق يتحدث الشاعر إلى وطنه الذي أنهكته الحروب وضيعته الصراعات، ولكن هذا الوطن لا محال فإنه يسكن داخل قلوبنا، وكما نرى أيضاً الرابطين اللذين جاءا باللون الأزرق داخل هذا النص، إذ ينقلاننا إلى نصوص أخرى جديدة، وروابط متشعبة إلى نشطة وأخرى غير نشطة، ويمكننا أن نتتبع روابط هذا العنصر ونصوصه المختلفة عبر المخطط التالي:

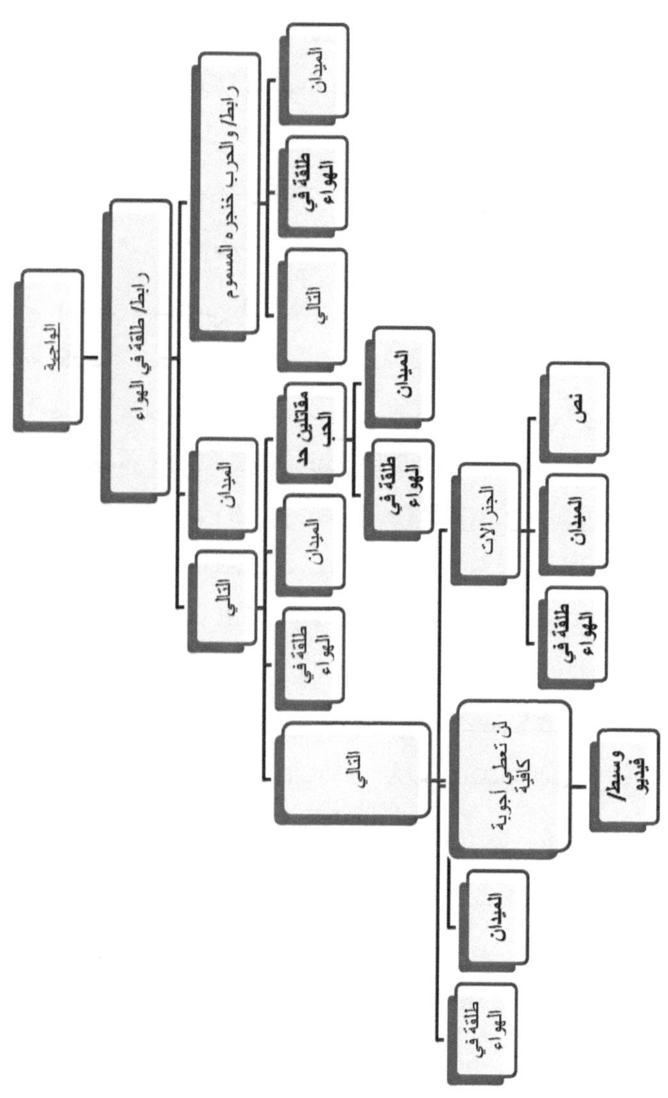

195

(4) الروابط غير النشطة:

إذا كانت الروابط النشطة تمكن المتلقي من التنقل بين أجزاء النص الذي يظهر كشبكة متشبعة في اتجاهات مختلفة، فإن الروابط غير النشطة تساعده على التفاعل والانغماس بدرجة كبيرة، إذ يعكس وجودها الحدث الذي يريد الشاعر التأكيد على دلالاته، ويجعلها أكثر ظهوراً وقرباً من المتلقي.

وقد اعتمد السنوسي في هذه القصيدة أيضاً على روابط غير نشطة، أكّد من خلالها دلالات نصوصه المتنوعة، فتارة نراه يعتمد مقطعاً بصرياً متحركاً، وتارة سمعياً، وتارة أخرى يحيل الرابط غير النشط إلى صورة ثابتة تتعلق عند قراءتها بمدلولات النص، فعلى سبيل المثال عندما نصل إلى الرابط (مهارة القفز بين الحنين المفخخ) في الجزء الأول من القصيدة، نجده يحمل رابطاً غير نشط يتمثل في مقطع بصري متحرك، عبارة عن جزء من (فيلم كرتون) يعاني فيه الأشخاص الذين يظهرون بداخل الفيلم من الانفجارات والدمار، ويتزامن ذلك مع صوت الشاعر الذي يلقي علينا نصاً شعرياً يتحدث فيه عن القتل والدمار، وعن الحياة التي صارت تشبه الصحراء.

وفي الجزء الثاني من القصيدة تتعدد الروابط غير النشطة، فنجد مثلاً رابط طائرات الأبابيل، فيوظف الشاعر ذلك المقطع البصري المتحرك (الفيديو) الذي يعكس فيه صورة حية عن الأطفال والنساء الذين تضرروا جراء القصف والدمار، وهذا الفيديو ارتبط بما سبقه من معانٍ داخل النص الشعري، إذ يصور المنازل المهدمة، والنساء والأطفال في حالة فزع شديد، والنيران المشتعلة في كل مكان، وذلك كما بالشكل التالي:

شكل رقم (7)

وهذا الشكل السابق يتشابه كثيراً أيضاً مع الرابط (لن نعطي أجوبة) كافة، في الجزء الثالث من القصيدة، إذ حمل وسيطاً بصرياً (فيديو) عبارة عن مقطع قصير من الرسوم المتحركة التي تعكس صورة بعض الجنود الذين يقتحمون منازل الأبرياء.

إن هذه الروابط غير النشطة عززت بلا شك من قدرة المتلقي على التعايش مع مضامين القصيدة والتفاعل معها، وجعلت المدركات الحسية تشتغل لديه بشكل أكثر وفي نهاية حديثنا عن الترابط والتشعب داخل القصيدة نجد أنّ هذه السمة جاءت كأبرز العناصر التي أضافتها التكنولوجيا للنص الأدبي، إذ بها يتفرع النص إلى عناصر متعددة،

وبها أيضاً يتنتقل المتلقي بين أجزاء النص في حركة غير سطرية، وبها أيضاً تنتفي سمة المركزية داخل النص.

ولكننا نلحظ أن الشاعر داخل قصيدة (كونشيرتو الحرب) قد أكثر من الروابط التي جعلت القصيدة تشبه المتاهة، فما إن تدخل إلى رابط حتى تراه يتشعب إلى عدة روابط أخرى، مما جعل النص يبدو – بصورة كبيرة – مفككاً وغير متماسك، وربما قصد الشاعر إلى ذلك قصداً ليتماشى مع تيار ما بعد الحداثة الذي يؤمن بالتشتت والتشظي، وكأن كل رابط داخل القصيدة هو قصيدة مستقلة في حد ذاتها.

ثالثاً: الوسائط المتعددة:

ذكرنا في المقدمة أن هذه القصيدة تنتمي إلى النصوص الرقمية/ الوسائطية، ذلك لأنها تعتمد في المقام الأول على الوسائط وتعددها، ومن ثم نجد الشاعر في كل رابط وفي كل نص منها يعتمد إما على وسيط بصري ثابت/ متحرك وإما سمعي، الأمر الذي جعل الدكتور وصفي ياسين ينعت هذه القصيدة بالشعر الوسائطي، حيث يرى أن قصيدة (كونشيرتو الحرب) قصيدة الصورة بامتياز، ونراه يقول في مقدمة بحثه عن تلك القصيدة «إن الشعر الوسائطي هو الذي يجمع بين القصيدة والشاشة بواسطة التشعب عبر العقد والروابط مع تحقق أي درجة من درجات التفاعل»[15]، ومن ثم هو يبحث في الكلمة، والموسيقى، والفيديو، والأفلام السينمائية، وأفلام الكرتون، والصور، واللوحات التشكيلية.

ولذلك يمكننا البحث عن وسائط هذه القصيدة من خلال ما يلي:

(1) الوسائط البصرية:

وردت الوسائط البصرية، داخل هذه القصيدة على نوعين؛ الأول منهما ثابت ويتمثل في الصور واللوحات والرسومات التي صاحبت النصوص الشعرية المتعددة، بينما يتمثل النوع الثاني في الوسائط المتحركة التي جاءت في الغالب تشير إلى مقاطع الفيديو.

وقد ورد النوع الأول بصورة كبيرة على طول القصيدة، فلا تكاد تخلو قصيدة من وسيط بصري ثابت، فمنذ الرابط الأول/ العازف نلتقي بصورة ذلك المسرح الذي تهدم من جراء القذف، وما إن ننتقل إلى الرابط التالي حتى نلتقي بصورة تلك المنازل والبقاء التي خلفتها الحرب، وما إن ننتقل بعدها كذلك إلى القصيدة التالية حتى نلتقي بوسيط بصرى ثابت تزامن مع وجود النص الشعري، وهو في الغالب يأتي مرتبطاً بدلالات هذا النص، وذلك كما يبدو في الشكل التالي:

شكل رقم (8)

ففي هذا الشكل نجد صورة هذا الرجل العازف لآلة الكمان حاملاً على خصره آلة قتل (خنجر)، فالشاعر هنا يربط ما بين الموسيقى والحرب، كما ذكرنا من قبل، ويتضح ذلك من خلال معاني النص الشعري الذي جعل فيه الشاعر الدماء تتناثر على وجه الكمان، وكأنه رجل يشارك في تلك الحرب، ومن ثم نجد أن الوسيط البصري يؤدي نفس الدلالة التي يمكن أن تؤديها الكلمة.

وبجانب الصور الفوتوغرافية يعتمد الشاعر أيضاً على الرسومات التي يمكن من خلالها أن نتبين بعض الدلالات المرتبطة بالنص اللغوي أيضاً، ففي الرابط (إيقاع المدافع) نجد الوسيط البصري المتمثل في رسمة بالألوان تشير إلى (امرأتين) يبدو على ملامحهما آثار الدمار والقصف، وهذا الوسيط يتوافق مع مضامين النص الشعري المصاحب الذي يصور هذا القصف وهذا الخراب، فنجد الشاعر يقول في إحدى جمله (كأنني في قيامة أطالع الجحيم)، وهذا الجحيم تبدو آثاره بشكل جلي في المكان الذي تقف فيه الامرأتان، حيث يتهدم الجدار من خلفهما وتصرخان على أنقاض ذلك القصف.

ومع حضور الصور الفوتوغرافية والرسومات نلتقي أيضاً ببعض الوسائط التي تشير إلى أشكال غامضة ومبهمة، ولكنها في الوقت نفسه تعبر عن المضمون وترتبط به ارتباطاً كبيراً، ففي رابط (ومرضية جداً للشهداء) نلتقي بصورة جاءت جميعها باللون الأسود، وهي صورة تبدو ملامحها غامضة، إلا أنها تظهر شكل جندي يمسك بين يديه سلاحاً فوق ركام من الأنقاض وبجانبه طفل يحاول أن يمنعه من التصويب.

شكل (9)

الشاعر مشغول في معظم أجزاء قصيدته بالربط بين الموسيقى والحرب، ليس على مستوى الكلمات فقط، وإنما على مستوى الوسائط أيضاً، فنجده على سبيل المثال يأتي بصورة جندي يحمل في يده آلة الكمان وهو يقف على مبنى يشبه المباني العسكرية، وإذا نظرنا إلى النص الشعري المصاحب لهذا الوسيط نجد الشاعر يذكر في مقدمته (عندما دخلوا الجنرالات بأقدامهم الثقيلة) وهي صورة لأحد الجنرالات الذين يتحدث عنهم الشاعر، والذين يستخدمون الموسيقى للقتل لما لها من تأثير قوي في النفس.

وهناك أيضاً الوسائط البصرية المتحركة، والتي تأتي ذلك على مستوى الصورة ومستوى الكلمة أيضاً، فعندما ننظر إلى الواجهة

الرئيسة للقصيدة نجد الكلمات تتحرك على سطح الشاشة باللون الأصفر، وهذه الحركية لا شك أنها تضيف تأثيراً كبيراً للنص، وتجعل درجة التفاعل فيه في أقصى درجاته، وكذلك على مستوى الصورة المتحركة نجد بعض مقاطع الفيديو التي أشرنا إلى بعضها من قبل، فعلى سبيل المثال في رابط/ مهارة القفز بين الحنين المفخخ، نلتقي بمقطع الفيديو الذي يشير إلى مقطع من فيلم رسوم متحركة تصور الحرب وأهوالها، وذلك كما في الشكل التالي:

شكل (10)

وبهذا يمكن اعتبار الوسيط البصري نصاً جديداً يضاف إلى النصوص اللغوية داخل القصيدة، ولكنه يعبر خلال إيحاءاته البصرية والحركية التي يعكسها.

(2) الوسائط السمعية:

يضيف الوسيط السمعي تأثيرات أخرى متنوعة بجانب الوسائط الأخرى، فهو يمثل قراءة جديدة للنص، ولكنها تتأتى بشكل مغاير عبر ما تحدثه الأصوات ومقاطع الموسيقى من تحريك لنفس المتلقي وعبر ما تحدثه من تأثير وتوتر وخلخلة، فمنذ بداية القصيدة يلتقي بصوت الشاعر وهو يعيد قراءة نصوصه مرة أخرى، ويتكرر ذلك في عدد كبير من نصوص القصيدة، ومن ثم نجد أن المتلقي يقع تحت تأثيرين؛ الأول النص المقروء، والثاني النص المسموع هذا، بالإضافة إلى تأثير الوسائط الأخرى.

كما نجد أيضاً تلك الموسيقى الموجودة على طول روابط القصيدة، وهي في الغالب إما مقاطع موسيقية بصوت الكمان أو البيانو، ولكنها ليست مقاطع موسيقية معروفة، غير أنها تأتي تهيئة للمتلقي لتقبل مضامين القصيدة.

المبحث الثالث:

القصيدة الرقمية
(مآثر غيمة لا تشبع منها العينان)
لمنعم الأزرق

أولاً: واجهة القصيدة
ثانياً: الوسائط المتعددة

تمثل قصيدة مآثر غيمة للشاعر منعم الأزرق نوعاً مستقلاً من أنواع القصائد التي ظهرت مرتبطة بالتكنولوجيا، وهو ما يمكننا أن نطلق عليه القصيدة الرقمية، وهي نفس التسمية التي أطلقها الشاعر على قصيدته، يرجع ذلك لطبيعة القصيدة ومكونات تأليفها، فالقصيدة الرقمية كما ذكرنا من قبل تعتمد في تأليفها على المكونات الرقمية وعلى الفضاء الرقمي، ويتم إنتاجها أو تقديمها من خلال الوسيط الرقمي، ولكنها في الوقت نفسه لا تتشكل عبر تقنية النص المترابط (hypertext) ومن ثم لا تكون متشعبة ولا تدخل الروابط في تكوينها.

كما أن هذه القصيدة لا يمكن طباعتها على الورق على عكس أختها القصيدة الإلكترونية، ولذلك فهي تمثل نمطاً مستقلاً ومغايراً عن بقية الأنماط الشعرية الأخرى.

وقصيدة (مآثر غيمة) إحدى القصائد الرقمية للشاعر منعم الأزرق، نجدها عبر مدونته الرقمية على شبكة الإنترنت من خلال الروابط:

Imztan.irg/digital/ma.athiru – ghaymat.htm.

وهي واحدة من مجموعة قصائد ضمتها تلك المدونة «وإذا أخذنا القصائد البصرية الرقمية للشاعر المغربي منعم الأزرق نجد أنها تقوم في الأساس على المزج بين المؤثرات السمعية، والبصرية،

إلى جانب الكلمة، فعلى سبيل المثال لا الحصر في قصيدة (سيدة الماء) وظّف الشاعر اللون الأزرق بشكل طاغٍ ليحمله دلالة بصرية، ومعنوية، كما وظّف عنصر الحركة بشكل رمزي، فجعل الكلمات تتحرك بشكلٍ دائري تارةً، وتموجي تارة أخرى، كما تلاعب بأحجام الخط، فجعل بعض الكلمات تكبر وتصغر بشكل يرتبط بالمعنى الذي يريد إيصاله للقارئ»[16].

أولاً: واجهة القصيدة:

خلت واجهة هذه القصيدة من التعقيد التقني الذي وجدناه في القصائد التفاعلية السابقة، فهذه الواجهة لم تحمل روابط، ولم تتشعب إلى عناصر وروابط، بينما جاءت بشكل مبسط يشي بالتأثير الرقمي وعلاقته بالنص الشعري، حيث حملت هذه الواجهة ــ فقط ــ عنوان القصيدة وبعض المؤثرات اللونية التي تتناسب دلالياً مع عنوانها، وذلك كما في الشكل التالي:

مآثر غيمة شكل (1)

فهذا الشكل السابق يمثل واجهة القصيدة، وما إن يتم الضغط عليه بمؤشر الفأرة حتى يشتغل تلقائياً دون البحث عن روابط أو أيقونات قد تنقلنا إلى العنصر التالي.

ونلحظ أن الشاعر اعتمد في الواجهة على اللون الأزرق الذي يناسب لون السماء التي تتوسطها صورة غيمة، ليكون هذا الشكل متطابقاً مع الجملة النصية التي حملها العنوان، فالشاعر استطاع أن يفيد من التقنيات الرقمية في تلك الواجهة في اختياره الألوان بعناية ومناسبتها لمضمون قصيدته.

ثانياً: الوسائط المتعددة:

(1) الوسيط الصوتي:

يرتبط الوسيط الصوتي بالكلمات وتشكلاتها داخل القصيدة، ونحن إذ نتتبع هذا الوسيط داخل (مآثر غيمة) نجد أن الشاعر وظّف ما يمكن أن تتيحه التقنيات الرقمية من حركة الكلمات وتداخلها، وكذلك المؤشرات اللونية المتعددة عند الدخول إلى أجواء القصيدة نجد في بدايتها العنوان الذي جاء باللون الأزرق في منتصف الشاشة مع مجيء كلمة مآثر باللون الأصفر في بداية العنوان، وكذلك كلمة (العينان) آخر هذا العنوان، مع طلب المؤلف من المتلقي بالضغط على زر F11، والشاعر هذه المرة يستخدم تقنية الترابط البسيط الذي يمكن المتلقي من التنقل إلى المقطع، أو الصفحة التالية، وعند الضغط على جملة (غيمة لا تشبع منها) ننتقل إلى الجزء التالي من القصيدة.

ونلحظ هنا – منذ البداية – أن الشاعر استخدم الطريقة السطرية في القراءة، فكل صفحة تنقلنا إجبارياً إلى الصفحة التالية، وذلك على عكس القصائد السابقة التي كان التصفح فيها يسير بطريقة غير خطية، وغير ملزمة.

وعند الانتقال إلى الصفحة التالية نجد كلمتين متمثلتين في (أرى جنة) وهذه الجنة تتوسط فضاءً أزرقَ، وهو نفس الفضاء الذي جاء به في الواجهة، وعند الضغط على كلمة (جنة) أيضاً ننتقل إلى صفحة جديدة تعرض بعض أجزاء النص، وذلك كما في الشكل التالي:

شكل رقم (2)

فنرى الشاعر استخدم مؤثرات حركية داخل النص، فجاء بالجزء الأول بكلمات كُتِبت أقصى اليسار (تتنزّى.. بأهدا.. بها) وفصل بين أجزاء الكلمة (بأهدابها)، وجعل جزءاً منها ملوناً بلون مغاير عن بقية الكلمات وهو اللون الأزرق والباقي باللون الأبيض، وفي نهاية الصفحة توجد جملة (غَيْمَتي المزْهِرَة!) تتحرك يميناً ويساراً لتجذب انتباه المتلقي، وتجعله يتفاعل مع الفضاء النصي المطروح فيه.

ونلحظ في هذا الفضاء استخدام الشاعر لخلفية أو وسيط بصري مغاير للواجهة، وهو سماء تبدأ تنقشع فيها أشعة الشمس مآثر الغيمة الثابتة في الواجهة.

وعند مواصلة القراءة من خلال الضغط على الجزء الأزرق من كلمة أهدابها، حيث نلتقي بمقطع جديد من القصيدة يقول الشاعر فيه (تأخذني الغجريات للفجر، تختار تلك التي) لينتهي المقطع عند هذا الحد مع ورود كلمة (تلك) باللون الأزرق، والتي تعمل كنقطة انتقال لمتابعة القراءة.

ونلحظ هنا أن الجملة الأولى جاءت متحركة، وهذه الحركة تتناسب بشكل كبير مع مدلول كلمة الأخذ التي تحمل أيضاً سمة الحركة.

وبمجرد الضغط على الأيقونة الزرقاء ننتقل إلى صفحة جديدة جاءت كلماتها باللون الأبيض على خلفية تحمل غيوماً تتجه إلى السواد، وكأن هذا السواد يمثل لون تلك الضفائر التي وهبتها تلك المحبوبة إلى الشاعر، ويمثل المرور من هذه الصفحة إلى ما بعدها ــ هذه المرة ــ ثلاث نقاط جاءت بلون أزرق على غير العادة، وعند

الضغط عليها ننتقل إلى مقطع شعري جديد (ثم عادت لتنصب قبر القبيلة بالورد والصّمت)، ويتأتى ذلك على خلفية زرقاء تميل إلى السواد مع غيمة تحاول أن تشق هذا السواد، وبالضغط على كلمة (الورد) التي تأتي هنا باللون الأزرق لتنقلنا إلى المقطع التالي، والذي يتكون من كلمتين جاءتا باللون الأبيض متمثلتين في (والرقصة الممطرة!) ونلاحظ أن الوسيط البصري ظهر بتأثير مغاير عن سابقه.

وعند الولوج إلى المقطع التالي نجد تلك الخلفية الزرقاء التي تحمل جملة

(يُحَدّثني الحب عن أرق مَرّ بي) مع حركية جملة (مَرّ بي)، والتي من سماتها الدلالية الحركة كذلك، وبالانتقال إلى المقطع التالي الذي يحمل وسيطاً صوتياً ثابتاً وآخر متحركاً يتمثل في جملة (وطرت ملء عينين من مَنْبِتِ الغيبِ.. ربَّيتُ بينهما حَجَل الكلماتِ) ويتساوق ذلك مع الوسيط البصري الذي يكرره الشاعر على طول القصيدة، والذي يتمثل في شكل السُّحب باختلاف حالاتها المتعددة، وبالضغط على كلمة عينين التي تمثل آخر مفتاح يمكن الانتقال من خلاله داخل القصيدة، نلتقي بمؤثر حركي سيطر على بقية الوسائط الأخرى داخل الصفحة، وهذا المؤثر يحمل جملة (هـ... بـ... و... بـ... أ.. إلى حبة) لتكون هذه الجملة آخر مقاطع القصيدة.

والذي يدقق النظر في الوسيط الصوتي الذي ورد داخل القصيدة نجده مثل أبرز الوسائط التي وردت، ذلك لأنه اعتمد على تقنية الحركة وتقنية الألوان كأبرز التقنيات الرقمية التي لها التأثير الملحوظ في المتلقي.

(2) الوسيط البصري:

كرر منعم الأزرق وسيطه البصري المتمثل في صورة السحاب الذي يأتي بأشكال وألوان، ويرتبط ذلك مع موضوع القصيدة الرئيس المتمثل في (تلك الغيمة التي لا تشبع منها العينان)، والشاعر ينوّع بين حالات هذه الغيمة طبقاً لدلالة النص الذي تحمله الصفحة، فعلى سبيل المثال نجده في المقطع (هبوبا) الذي جاءت حروفه متحركة، وتأتي بصورة سحب متفرقة مشتتة تتناسب مع مدلول الكلمة المتحركة، وذلك كما في الشكل التالي:

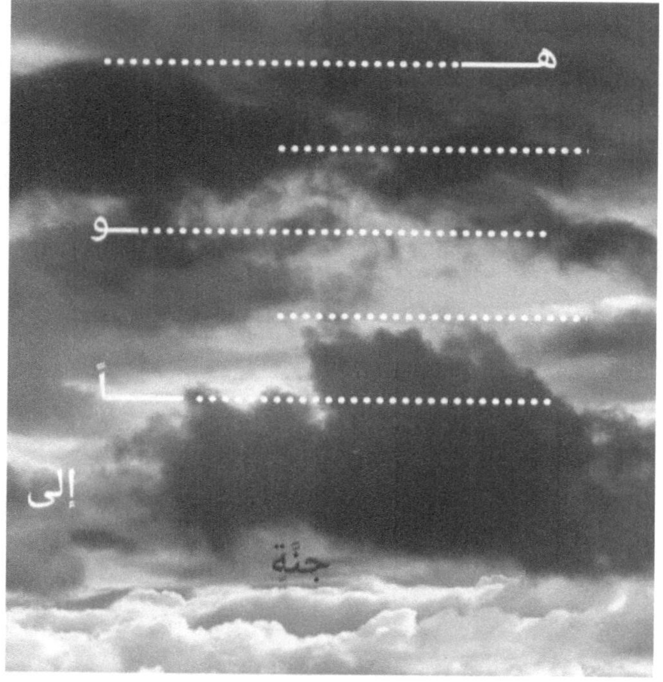

شكل (3)

فالشاعر هنا لم يكثر من استخدام الوسائط البصرية، ولذلك ابتعدت هذه القصيدة عن سمة القصيدة الوسائطية، ولم تتشكل عبر تقنية النص المترابط؛ لذلك ابتعدت عن تسمية القصيدة التفاعلية.

وفي النهاية نجد أن هذه القصيدة تمثل نسقاً مغايراً ومستقلاً عَبَّرَ عن شكل من أشكال اتحاد التكنولوجيا مع الأدب، رغم أنه جاء بأبسط هذه الأنواع من حيث التقنيات الرقمية المتمثلة في الوسائط والروابط.

ويمكن القول في نهاية هذا الجزء التطبيقي، إن الرقمنة أنتجت أشكالاً متعددة من القصائد تعتمد في مجملها على وسائل التكنولوجيا الحديثة وما يقدمه الحاسوب من إمكانات، فهناك القصيدة الترابطية والوسائطية والرقمية والإلكترونية وقصيدة الواقع الافتراضي، بالإضافة إلى ما يمكن أن ينتجه المستقبل الرقمي من وسائط تتطور بتطور تلك التقنيات.

وكل ما تم تقديمه ما هو إلا محاولة الربط بين التقدم التكنولوجي وشعرنا الحديث أو شعر ما بعد الحداثة، والذي اعتمد على التكنولوجيا ووسائطها في إنتاج قالب شعري جديد مَكَّنَ القارئ من التفاعل بشكل أكثر إيجابية مع هذه النصوص الرقمية، أو المستخدمة للتقدم التكنولوجي.

هوامش الفصل الثاني:

1 – د. سلام عبد عون محمد الزرقاني: الأدب التفاعلي، دراسة ثقافية، رسالة دكتوراه، كلية التربية للعلوم الإنسانية، جامعة بابل، العراق، 2018م، ص59.

2 – د. منتصر نبيه محمد صديق، أدب الأطفال الرقمي/ التفاعلي، ص190.

3 – القرآن الكريم، سورة طه، الآية 102.

4 – ديوان امرئ القيس، تحقيق: محمد أبو الفضل إبراهيم، ط5، سلسلة ذخائر العرب 24، دار المعارف، مصر، ص89.

5 – الجاحظ: الحيوان، تحقيق: فوزي عطية، ط2، دار صعيب، بيروت، لبنان، 1978م، ج5، ص300 – 301.

6 – انظر: سلام عبد عون محمد الجمل: الأدب التفاعلي دراسة ثقافية، ص67 – 68.

7 – د. فطيمة ميحي: البنية الدلالية للشعر التفاعلي الرقمي، ص76.

8 – سلمان الأفنس الشراري: الأدب التفاعلي إشكاليته والمفهوم والآفاق، الرابط: http://www.greengold.news/articles/5702.html 31‏/7‏/2022م.

9 – د. فطيمة ميحي: البنية الدلالية للشعر التفاعلي الرقمي، ص81.

10 – د. كلثوم زنينة: النص الأدبي من الشفهية إلى الرقمية، رؤية في المفهوم والمرجعية والآفاق النقدية، ماجستير، كلية الآداب والعلوم الاجتماعية، جامعة فرحات عباس سطيف، الجزائر، 2010م، ص98.

11 – د. سلام عبد عون محمد الجمل: الأدب التفاعلي دراسة ثقافية، ص66.

12 – انظر: د. علي حرب: حديث النهايات، فتوحات العولمة ومآزق الهوية، المركز الثقافي العربي، الدار البيضاء، المغرب، ط2، 2004م، ص138.

13 – رأفت السنوسي: شاعر وروائي ومسرحي له العديد من المؤلفات تنوعت بين قصائد ورواية ومسرحية، وله دواوين كفاتحة السفر الخواتيم، سيرة ما لقلب نبيّ، ذاكرة الفراغ، وله مسرحيته بعنوان (عشية انتخاب أبي سفيان)، ورواية بعنوان (تل الرمان).

14 – القرآن الكريم: سورة النازعات، الآيتان (42 – 43).

15 – د. وصفي ياسين عباس: الفرار إلى الموت، قراءة في الشعر الوسائطي لقصيدة (كونشيرتو الحرب)، أنموذجاً – مجلة الممارسات اللغوية، كلية الآداب، جامعة مولود معمري، الجزائر، المجلد 12، 4 ديسمبر 2021م، ص275.

16 – د. إيمان يونس: الأدب الرقمي التفاعلي الحقيقة والتحديات، المستقبل، ص29.

الخـــاتمـــة

بعد دراسة موضوع (الشعر العربي وتحولات الرقمنة في ضوء التسارع التكنولوجي.. التأطير النظري والأبعاد التطبيقية) ومحاولة الوقوف على أبرز النصوص التي تمثل هذا النوع من الشعر، ومن ثم الوقوف على أبرز تشكلاتها الفنية التي طرحتها الرقمنة، يمكننا أن نحدد بعض النتائج التي توصلت إليها الدراسة، كما يلي:

1 – أصبحت التكنولوجيا عمادة رئيسةً في كافة مناحي الحياة، وقد استطاع الأدب أن يتزاوج معها لتظهر أنواع جديدة من النص الأدبي تغاير ما ألفناه مع الوسيط الورقي، ومن أبرز هذه النصوص: الإلكتروني، الرقمي، المترابط، وهي جميعها استطاعت أن تفيد مما تقدمه التكنولوجيا من إمكانات متعددة كالوسائط، والروابط، والتشعب، والطبيعة الافتراضية.

2 – ظهرت أجناس أدبية مستحدثة في ظل الرقمنة منها: الشعر الرقمي، السرد الرقمي، المسرح الرقمي، وهذه الأجناس تغيرت من حيث أشكالها ومضامينها عما كانت عليه سابقاً إزاء الحامل الورقي،

وكان الشعر أول المستفيدين من تلك التغيرات، فقد أصبح يُكْتَب بطرق مغايرة، ويقدم عبر وسائط رقمية متنوعة.

3 – إذا أردنا أن نستشرف مستقبل الشعر العربي في ظل الرقمنة، فلا بد لنا أولاً من الوقوف على كافة الأشكال والنصوص الشعرية التي ظهرت مرتبطة بالتكنولوجيا، لنؤسس من خلالها قاعدةً علميةً تحدد مكونات ذلك الجنس الجديد، وتفصح عن تشكلاته الداخلية التي تفرضها طبيعة الرقمنة.

4 – تطورت القصيدة العربية عبر مراحلها الزمنية المختلفة تبعاً لمستجدات العصر وما يفرضه من تحول، فبدأت موزونة ومقفاة، وانتهت بتخليها عن تلك الخاصية، وانتقلت من تأثيرها السمعي في مرحلة الشفاهية إلى تأثيرها البصري، ثم دخلت مرحلة جديدة تتزعمها التكنولوجيا، وهذه المرحلة تحديداً كانت حاسمة في مسيرة القصيدة العربية، إذ استطاعت أن تهدم كافة الأعراف والتقاليد التي أحاطت بها من قبل.

5 – كان النص المترابط من أكثر النصوص الرقمية تطوراً، إذ تمكّن من خلال خاصية التشعب التي يتسم بها من جعل النص الأدبي أكثر دينامية وأكثر انفتاحاً، ومن ثم ظهر على إثره ما يعرف بالأدب التفاعلي، الذي يمنح المتلقي مساحةً كبيرةً من التفاعل مع النص.

6 – اشتملت كافة نصوص الأدب التي ظهرت مرتبطةً بالرقمنة على خاصية التفاعل، ولكن اختلفت درجة تفاعلية هذه النصوص حسب القدر الذي تمنحه للمتلقي، فظهر ما يعرف بالنص السلبي الذي

يحمل درجة قليلة جداً من التفاعل، وظهر أيضاً النص الإيجابي الذي يسمح للمتلقي، بالتعديل، والاختيار، والإضافة، ومن ثم حمل سمة التفاعلية.

7 ــ أدى ظهور الشعر الرقمي/ التفاعلي إلى تحقق عدة سمات داخل النص الأدبي لم يكن يعرفها من قبل، منها: التشاركية، واللامركزية، والافتراضية، والرقمية، واللاسطرية، والتشعب، وكذلك الترابط، وهذه السمات جعلت الأدب أكثر عولمة، وأكثر انتشاراً عما كان عليه من قبل.

8 ــ حملت قصيدة (تباريح رقمية لسيرة بعضها أزرق) عديداً من التقنيات الرقمية التي تشي بما يمكن أن نتوقعه للنص الشعري في المستقبل الرقمي، حيث حققت الروابط قدراً من التفاعل للمتلقي عبر تتبع مساراتها، كما عملت الوسائط المتعددة على التركيز على البعد البصري داخل النص الشعري، وهو ما يجعلنا نتيقن بأننا أصبحنا بالفعل نعيش عصر الصورة. وجميع هذه التقنيات تتطور وتتغير يومياً حسب التطورات التي تحدثها التكنولوجيا.

9 ــ كانت قصيدة (كونشيرتو الحرب) أكثر أنواع القصائد الرقمية التي أفادت من تقنيات الوسائط المتعددة، ولذلك تم نعتها بالقصيدة الوسائطية، كما أنها أفادت كذلك من تقنيات التكنولوجيا عبر أيقونات التقدم والرجوع داخل النص، ومثّلت تلك القصيدة اتجاهاً مغايراً من اتجاهات الشعر الرقمي في عصر التكنولوجيا، ودللت على ما يمكن استشرافه من تطورات يمكن أن تصيب القصيدة في المستقبل.

10 — جاءت قصيدة (مآثر غيمة لا تشبع منها العينان) للشاعر منعم الأزرق، لتعكس مرحلة من مراحل القصيدة الرقمية يمكن أن نَصِفَها بمرحلة البدايات، إذ إنها لم تتشكل ضمن تقنية النص المترابط، ولم تستفد من الوسائط المتعددة بشكل كبير، ومن ثم لم يظهر فيها عنصر التفاعل بشكل قوي على عكس القصيدتين السابقتين.

11 — إذا استطعنا أن نستشرف بعض التطورات التي ستصيب الشعر الرقمي/ العربي في المستقبل، فإن ذلك لا يؤكد أننا سنصل إلى حدود معينة أو صور نهائية ينتهي عندها النص الشعري؛ يرجع ذلك إلى التسارع التكنولوجي الذي نشهده باستمرار.

قائمة المصادر والمراجع

– القرآن الكريم.

أولاً: المصادر:

1 – امــرؤ القيـس: ديوانه، تحقيق: محمد أبو الفضل إبراهيم، ط5، سلسـلة ذخائر العرب 24، دار المعارف، مصر.

2 – الجاحـظ: البيان والتبيين، تحقيق وشـرح: عبد السـلام هـارون، ط7، مكتبة الخانجي، القاهرة، 1418هـ – 1998م.

3 – أبو القاسم هبة الله بن جعفر بن سناء الملك: دار الطراز في عمل الموشحات، تحقيق: جودت الركابي، ط2، دمشق، سوريا، 1977م.

4 – أبــو نـواس: ديوانه، تحقيق: أحمد عبد المجيد الغزالــي، دار الكتاب العربي، بيروت، لبنان، (ب.ت).

5 – رأفت السنوسي، القصيدة الوسائطية (كونشيرتو الحرب)، على الرابط:

http://elsenosi.6te.net/

6 – مشــتاق عباس معن: القصيدة التفاعلية «تباريح رقمية لسيرة بعضها أزرق» على الرابط: https://archive.org/details/moh_465

7 – منعم الأزرق، القصيدة الرقمية (مآثر غيمة لا تشبع منها العينان) على الرابط:

http://elsenosi.6te.net/

ثانياً: المراجع العربية:

8 – د. إبراهيـم أحمد ملحم: الأدب والتقنية، مدخل إلى النقد التفاعلي، عالم الكتب الحديث، إربد، الأردن، ط1، 2013م.

9 – أحمـد فضل شبلول: أدباء الإنترنت أدباء المسـتقبل، دار الوفـاء للطباعة والنشر، الإسكندرية، ط2، 1999م.

10 – جميـل حمـداوي: الأدب الرقمـي بيـن النظريـة والتطبيق (نحـو المقاربة الوسائطية)، ط1، 2016م.

11 – د. حسـام الخطيب: الأدب والتكنولوجيا وجسر النص المفرع، وزارة الثقافة والفنون والتراث، الدوحة، ط2، 2011م.

12 – د. حسـام الخطيب، د. رمضان بسطاويسـي محمد: آفاق الإبداع ومرجعيته في عصر المعلوماتية، دار الفكر المعاصر، بيروت، لبنان.

13 – د. حسـن ناظـم: مفاهيـم الشـعرية، دراسـة مقارنة في الأصـول والمنهج والمفاهيم، المركز الثقافي العربي، بيروت، لبنان، ط1، 1994م.

14 – د. سعيد يقطين: من النص إلى النص المترابط، مدخل إلى جماليات الإبداع التفاعلي، المركز الثقافي العربي، الدار البيضاء، المغرب، ط1، 2005م.

15 – عايدة نصر الله، إيمان يونس: التفاعل الفني الأدبي في الشعر الرقمي، قصيدة شجر البوغاز نموذجاً، دار الأركان للإنتاج والنشر، مركز أبحاث اللغة والمجتمع والثقافة العربية، المعهد الأكاديمي العربي للتربية، بيت بيرل، فلسطين، (د.ت).

16 – د. عبد القادر فهيم شيباني: سيميائيات المحكي المترابط، سرديات الهندسة الترابطيـة، نحـو نظرية للرواية الرقميـة، عالم الكتب الحديث للنشـر والتوزيع، الأردن، 2014م.

17 – د. عـز الدين المناصرة، علم التناص المقارن، نحو منهج عنكبوتي تفاعلي، دار مجدلاوي للنشر والتوزيع، عمان، الأردن، 2006م.

18 – د. علـي حـرب: حديث النهايات، فتوحات العولمـة ومآزق الهوية، المركز الثقافي العربي، الدار البيضاء، المغرب، ط2، 2004م.

19 – د. عمـاد الدين خلـف الحسـن: عالم الاتصـالات بين الماضـي والحاضر والمستقبل، مركز الأهرام للترجمة، القاهرة، 2000م.

20 – د. عمــر زرفــاوي، الكتابة الزرقــاء، دائرة الثقافة، حكومة الشــارقة، دولة الإمارات، كتاب الرافد، عدد 56، أكتوبر، 2013م.

21 – د. فاطمة البريكي: مدخل إلى الأدب التفاعلي، المركز الثقافي العربي، الدار البيضاء، المغرب، ط1، 2006م.

22 – د. فاطمة عبد الحميد محمد علي: تفاعلية التكنولوجيا والسرد الرقمي، دائرة الثقافة، الشارقة، الإمارات، 2021م.

23 – د. محمــد مرينـي: النص الرقمي وإبـدالات النقل المعرفـي، دائرة الثقافة، حكومة الشارقة، دولة الإمارات، 2015م.

24 – د. محمــد نجيـب التـلاوي: القصيدة التشـكيلية في الشــعر العربـي، الهيئة المصرية العامة للكتاب، القاهرة، 2006م.

25 – د. منتصــر نبيـه محمد صديـق: أدب الأطفال التفاعلي/ الرقمي بين سـلطة الرابط وتأثير الوسـيط، إصدارات دائرة الثقافة، حكومة الشارقة، الإمارات، ط1، 2020م.

26 – د. نبيـل علـي: العــرب وعصر المعلومات، سلسـلة كتب ثقافيــة، المجلس الوطني للثقافة والفنون والآداب، الكويت، العدد 184، 1994م.

27 – د. هــلال الجهــاد: جماليات الشــعر العربي، دراسـة في فلسـفة الجمال في الوعي الشعري الجاهلي، ط1، مركز دراسات الوحدة العربية، سلسلة أطروحات الدكتوراه (60)، بيروت، لبنان حزيران/ يونيو، 2007م.

ثالثاً: الكتب الأجنبية المترجمة:

28 – إيف ستالوني: الأجناس الأدبية – ترجمة: محمد الزكراوي، مراجعة: حسن حمزة – مركز دراسات الوحدة العربية، المنظمة العربية للترجمة، بيروت، لبنان، ط1، 2014م.

29 – بيتر بي سيل: الكون الرقمي، الثورة العالمية في الاتصالات، ترجمة: ضياء ورّاد، مراجعة: نيفين عبد الرؤوف، مؤسسة هنداوي سي آي سي للنشر، المملكة المتحدة، 2017م.

30 – جون كوين: النظرية الشعرية، ترجمة وتعليق: د. أحمد درويش، دار غريب للطباعة والنشر والتوزيع، القاهرة، مصر، 2000م.

31 – دانيــال بنــاك: متعة القراءة، ترجمة: يوســف المادة، دار الســاقي، بيروت، لبنان، ط1، 2015م.

32 – رولان بارت: درس السيميولوجيا، ترجمة: عبد السلام بنعبد العالي، تقديم: عبد الفتاح كيليطو، دار توبقال للنشر، الدار البيضاء، المغرب، ط2، 1986م.

33 – ســتيفن بايكر: الرقميون، أنت مراقب 24/ 24، شــركة المطبوعات للنشر والتوزيع، بيروت، لبنان، ط1، 2011م.

34 – فالنتينــا إيفاشــيفا: الثــورة التكنولوجيــة والأدب، علــى أبــوب القــرن الحادي والعشرين، ترجمة: عبد الحميد سليم، الهيئة العامة المصرية للكتاب، القاهرة، 1985م.

35 – فيليــب ريجو: ما بعد الافتراضي، استكشــاف اجتماعي للثقافة المعلوماتية، ترجمة: عزت عامر، المركز القومي للترجمة، القاهرة، ط1، 2009م.

36 – ميتشــو كاكــو: رؤى مستقبلية، كيف يغير العلــم حياتنا في القرن الواحد والعشــرين، ترجمة: ســعد الدين خرفان، مراجعة: محمد يونــس، عالم المعرفة، الكويت، 2001م.

37 – يان فانسينا: المأثورات الشــفاهية دراســة في المنهجيــة التاريخية، ترجمة وتقديم: أحمد مرسـي، مكتبة الدراسـات الشـعبية، الهيئة العامـة لقصور الثقافة، شركة الأمل للطباعة والنشر، القاهرة، 1999م.

رابعاً: المجلات والدوريات:

38 – د. أحمد نظيف: اشتغال الفضاء من القصيدة الورقية إلى القصيدة التفاعلية، مجلــة مقاربات، مؤسســة مقاربــات للنشــر والصناعــات الثقافية واستراتيجيات التواصل، المغرب، ع27، 2017م.

39 – د. إيمــان يونس: الأدب الرقمــي التفاعلي، الحقيقة والتحديات والمستقبل، مجلة جيل الدراسات الأدبية والفكرية، بيروت، لبنان، عدد58.

40 – د. إيمــان يونس: أدوات الكتابــة وماهية الإبداع، من النقش على الحجر إلى الكتابة بالوسـائط المتعددة، مجلة الحصاد، العدد الأول، المعهد الأكاديمي لإعداد المعلمين، بيت بيرل، فلسطين، 2011م.

41 – د. زكيــة مهني: الأدب الرقمي من النص إلى الوسيط، مجلة الأثر، جامعة الرحمن ميرة، بجاية، الجزائر، ع26، سبتمبر، 2016م.

42 – د. صـــلاح عبـد العزيز الجُبيلي، الشـعر العربي الحديث من الشـفاهية إلى التفاعلية، المجلة العربية للعلوم ونشـر الأبحاث، مجلة اللغة العربية وآدابها، ج1، ع3، 2020م.

43 – د. علي مصطفى عشـا: جدل الشفاهية والوعي الكتابي في نماذج من الشعر الجاهلي دراسة هيرمينوطيقية، حوليات آداب عين شمس، كلية آداب، المجلد 47 عدد أبريل، يونيو 2019م.

44 – د. وصفي ياسـين عباس: الفرار إلى الموت، قراءة في الشـعر الوسـائطي لقصيدة (كونشـيرتو الحرب)، أنموذجاً – مجلة الممارسات اللغوية، كلية الآداب، جامعة مولود معمري، الجزائر، المجلد 12، 4 ديسمبر 2021م.

خامساً: رسائل الماجستير والدكتوراه:

45 – د. تغريـد بنت أحمـد محمد كريري: تلقي الأدب التفاعلـي في النقد العربي المعاصر، ماجستير، كلية العلوم الإنسانية، جامعة الملك خالد، السعودية، 2017م.

46 – د. جمال قالم: النص الأدبي من الورقية إلى الرقمية آليات التشكيل والتلقي، ماجستير، معهد اللغات والأدب العربي، الجزائر، 2009م.

47 – د. خديجة بالودمو: المتلقي بين نظرية المتلقي والأدب التفاعلي، ماجسـتير كلية الآداب واللغات، جامعة قاصدي مرباح ورقلة، الجزائر، 2013م.

48 – د. سـلام عبد عون محمد الزرقاني: الأدب التفاعلي، دراسـة ثقافية، رسالة دكتوراه، كلية التربية للعلوم الإنسانية، جامعة بابل، العراق، 2018م.

49 – د. سومية معمري: الأدب الرقمي بين المفهوم والتأسيس، مقاربة في تقنيات السرد الرقمي، دكتوراه، كلية الآداب، جامعة الإخوة منتوري، الجزائر، 2017م.

50 – د. كلثـوم زنينة: النص الأدبي من الشـفهية إلى الرقميـة، رؤية في المفهوم والمرجعية والآفاق النقدية، ماجسـتير، كليـة الآداب والعلوم الاجتماعية، جامعة فرحات عباس سطيف، الجزائر، 2010م.

سادساً: الروابط الإلكترونية.

51 – إيمـان العامـري: الأدب الرقمي التفاعلي والتعددية الإبداعية، على الرابط بتاريخ 2022/7/15م. 130=http://www.mahaarat.com/?p

52 – د. عبير سـلامة: الشـعر التفاعلي طرق العرض طرق للوجود، متاح على الإنترنت عبر الرابط:

http://www.sha3erjordan.net/lovedesert/news.php?action=view&id=970

53 – سلمان الأفنس الشراري: الأدب التفاعلي، إشكاليته والمفهوم وآفاق الإبداع، مؤتمر الأدباء السعوديين الرابع، المدينة المنورة، 20 شوال 1434هـ، على الرابط، بتاريخ 2022/7/31م. http://www.greengold.news/articles/5702.html

54 – فاطمة البحراني: في ريادة العرب التكنو أدبية والرقمي إلى الرقمي التفاعلي. على الرابط:

http://imzran.org/mountada/viewtopic.php?f=46&t=2295

55 – فيليب بوطز: الأدب الرقمي تحول للأدب، على الرابط، بتاريخ 2022/7/12م.

https://www.aslim.org/?p=1838

56 – انظر المجلة الرقمية «الشاعر العربي» على الرابط:

http://alshaeralarabi.blogspot.com/

57 – انظر المجلة الرقمية «رسائل الشعر» على الرابط:

https://www.poetryletters.com/mag/%D9%85
%D8%AC%D9%84%D8%A7%D8%AA –
%D8%B9%D8%B1%D8%A8%D9%8A%D8%A9 –
%D8%A3%D8%AF%D8%A8%D9%8A%D8%A9 – %D8
%AB%D9%82%D8%A7%D9%81%D9%8A%D8%A9 –
%D8%B4%D8%B9%D8%B1%D9%8A%D8%A9/

58 – نوال خماسـي: مفهـوم الأدب الرقمي التفاعلي، مقال علـى الرابط: بتاريخ 2022/8/22م. https://annabaa.org/arabic/literature/5475

59 – ميمكس على موقع، بتاريخ 2022/6/22م.

https://www.wikiwand.com/ar/%D985%%D98%A%D985%%D98%
3%D8%B3

الفهرس

مقـدمـــة 5

تمهيد: الشعر والتكنولوجيا رؤية استشرافية 11

الفصل الأول: الإطار النظري 31

المبحث الأول: الشعر العربي من الشفاهية إلى الرقمية 33

أولاً: تحولات القصيدة العربية من التأثير الصوتي

إلى التأثير البصري 35

ثانياً: الوسيط الورقي ومرحلة الوعي الكتابي: 45

ثالثاً: من الوسيط الورقي إلى الوسيط الرقمي: 50

المبحث الثاني: الأدب الرقمي.. النشأة والمفاهيم 55

أولاً: ماهية الأدب الرقمي 57

ثانياً: سمات النص المترابط 69

ثالثاً: إشكاليات الأدب الرقمي 74

المبحث الثالث: الأدب التفاعلي والقصيدة التفاعلية 77

أولاً: الأدب التفاعلي 79

ثانياً: أجناس القصيدة الرقمية/ التفاعلية 88

ثالثاً: وسائط القصيدة الرقمية 97

الفصل الثاني: الإطـــار التطبيـــقي 115

المبحث الأول: القصيدة الرقمية التفاعلية

«تباريح رقمية لسيرة بعضها أزرق» 117

أولاً: الوجهة الشعرية وسلطة العلامة 120

ثانياً: الروابط وأثر التشعب 130

ثالثاً: الوسائط المتعددة 152

المبحث الثاني: القصيدة الوسائطية كونشيرتو الحـــرب 169

أولاً: واجهة القصيدة 173

ثانياً: الروابط 179

ثالثاً: الوسائط المتعددة 198

المبحث الثالث: القصيدة الرقمية

(مآثر غيمة لا تشبع منها العينان) 205

أولاً: واجهة القصيدة 208

ثانياً: الوسائط المتعددة 209

الخـــاتمـــة 217

قائمة المصادر والمراجع 221